Julie Dungern

Des Pfalzgrafen Brief

Nebst einer Einleitung, enthaltend die Übersicht der Goeler'schen

Familiengeschichte

Julie Dungern

Des Pfalzgrafen Brief
Nebst einer Einleitung, enthaltend die Übersicht der Goeler'schen Familiengeschichte

ISBN/EAN: 9783742883513

Hergestellt in Europa, USA, Kanada, Australien, Japan

Cover: Foto ©ninafisch / pixelio.de

Manufactured and distributed by brebook publishing software (www.brebook.com)

Julie Dungern

Des Pfalzgrafen Brief

DES PFALZGRAFEN BRIEF, ODER WIE EN GOELER VON GEISTLICHEM STANDE WIEDER WELTLICH WARD: ERZÄHLUNG...

Julie Dungern

Des Pfalzgrafen Brief

oder:

Wie ein Goeler von geistlichem Stande wieder weltlich ward.

Erzählung

aus der Familiengeschichte der Freih. Goeler v. Ravensburg

von

Julie Dungern.

Nebst einer Einleitung, enthaltend die Uebersicht der Goeler'schen Familiengeschichte.

Heidelberg.
Carl Winter's Universitäts-Buchhandlung.
1879.

Des Pfalzgrafen Brief.

Des Pfalzgrafen Brief

oder:

Wie ein Goeler von geistlichem Stande wieder weltlich ward.

Erzählung

aus der Familiengeschichte der Freiherren Goeler v. Ravensburg

von

Julie Dungern.

Nebst einer Einleitung, enthaltend die Uebersicht der Goeler'schen Familiengeschichte.

Heidelberg.
Carl Winter's Universitäts-Buchhandlung.
1879.

Vorbemerkung.

Die Erzählung „Des Pfalzgrafen Brief" erschien erstmals im Frankfurter Conversationsblatte, Beilage der Postzeitung, vom 8.—22. Oktober 1858. Die vorliegende (erste) Buchausgabe wurde im Interesse der Mitglieder der Goeler'schen Familie, sowie auch um die Erzählung weiteren Kreisen zugänglich zu machen, von dem Unterzeichneten veranstaltet. Derselbe hat ihr als Einleitung eine von ihm verfaßte Uebersicht der Goeler'schen Familiengeschichte beigegeben.

Baden-Baden, im Juni 1879.

Friedr. Frhr. Goeler von Ravensburg,
Dr. philos.

Einleitung.

Uebersicht der Goeler'schen Familiengeschichte.

Ursprung und früheste Geschichte des Goeler'schen Geschlechtes liegt im Dunkel; unsere historische Kenntniß deutscher Adelsfamilien (abgesehen von den fürstlichen) beginnt fast allgemein erst mit dem Ende des 12. oder Anfange des 13. Jahrhunderts. In alten familiengeschichtlichen Aufzeichnungen finden sich allerdings Ueberlieferungen, die einige Jahrhunderte weiter zurückgehen; sie sind aber natürlich keine historischen Quellen, sondern von zweifelhafter Glaubwürdigkeit. Immerhin mögen sie manches Wahre enthalten.

Die Goeler'sche Familientradition, wie sie in alten Aufzeichnungen enthalten, führt in die Mitte des 10. Jahrhunderts zurück und berichtet Folgendes: Der Stammvater oder Gründer dieses Adelsgeschlechtes ist Ravanus Goeler, der um's Jahr 930 n. Chr., zu Zeiten König Heinrichs I., des Finklers, (876—936) als Edelknecht im Canton Kraichgau lebte. Seiner treuen Kriegsdienste wegen erhob ihn der König zum eblen Ritter, gestattete ihm die Wahl eines Wappens und verlieh ihm Rechte und Freiheiten für seine Güter. Ravanus erbaute sodann das nach ihm benannte Bergschloß, die Ravensburg. Er hatte einen Sohn Karl, der mit Bertha, Gräfin von Kraichgau, vermählt war. Nach dessen Tode (1020) theilten sich seine drei Söhne in das väterliche Erbe. Heinrich erhielt die Ravensburg und setzte Stamm und Namen des Geschlechtes fort; Hugo, welchem die Burg Mentzingen zufiel, gründete die freiherrliche Familie „Mentzingen", und Ulrich, welcher Helmstatt erhielt, wurde der Stifter der nunmehr gräflichen Familie Helmstatt.

Um's Jahr 1075 lebte Ehrenlieb G. v. R., der mit Agnes, Gräfin von Sulz, vermählt war. Er zeichnete sich in Kriegsdiensten des Kaisers Heinrich IV. aus und gründete das nach dem Namen seiner Gemahlin benannte Dorf Sulzfeld.

So die Tradition über die früheste Geschichte dieses Geschlechtes. Daß ein Ravan Goeler der Stammvater desselben ist und die nach ihm benannte Burg baute, hat viel Wahrscheinlichkeit. Der Zusammenhang zwischen dem Namen Ravan (rhaban heißt altdeutsch der Rabe) und dem Namen der Burg sowie dem Raben im Wappen ist unverkennbar *) und läßt, da das umgekehrte nicht wohl möglich ist, den Schluß berechtigt erscheinen, daß die Erbauung der Burg und die Wahl des Wappens auf einen Ahnherr „Ravan" zurückzuführen sind. Der Vorname

---

*) Eine Analogie hierfür findet sich in G. Freytags Roman: Die Ahnen, Bd. I. und III. Der Name des Helden Ingraban ist aus Ingo und Raban zusammengesetzt; seine Besitzung hieß der Rabenhof, seine Nachkommen führten den Raben im Wappen. — Daß der Rabe im Wappen mit dem Namen Kraichgau zusammenhänge, wäre insofern möglich, als bei uns meist Krähe und Rabe identificirt werden.

„Ravan" ist ja ein dieser Familie eigenthümlicher; er ist durch eine Grabschrift aus dem Jahre 1219 zuerst constatirt. Er kommt sonst nur bei sehr wenigen und alten Familien vor. Was aber über Leben und Schicksale jenes ersten Ahnherrn Ravan und seiner nächsten Nachkommen sonst berichtet wird, ist nur Tradition und mag als solche gelten, hat aber keinen Anspruch auf historische Wahrheit. Daß die Familien Menzingen und Helmstatt Zweige der Goeler'schen sind, könnte man daraus schließen., daß sie einen ähnlichen Wappen haben und der Name Ravan bei ihnen vorkommt.

Die Ravensburg, die sich 288 m über der Meeresfläche auf einer Anhöhe nahe bei dem badischen Dorfe Sulzfeld (Amt Eppingen) erhebt, ist unzweifelhaft ein mittelalterlicher Bau aus der Zeit zwischen dem 10. und 13. Jahrhundert. Eine Version der Ueberlieferung, welche besagt, ein römischer Landvogt habe die Burg erbaut, ist entschieden abzuweisen. Ein römischer Ursprung darf für die Ravensburg ebensowenig angenommen werden, als für andere Burgen des südwestlichen Deutschlands, denen man früher, nach Mones Vorgang, einer solchen irrthümlicher Weise zuschrieb. Daß die Ravensburg nicht später als Ende des 13. Jahrh. erbaut sein kann, geht daraus hervor, daß um diese Zeit der Name „von Ravensburg" bereits nachweisbar ist. Der viereckige Thurm ist vielleicht Anfang des 13. Jahrh., gleichzeitig mit den Stadtmauern von Heilbronn, erbaut worden. Er ist heutzutage noch unversehrt erhalten, während die übrige Burg schon lange Ruine ist. Ein im Jahre 1607 erbautes großes Wohnhaus auf Ravensburg mußte 1849 wegen Baufällig=

keit abgeriſſen werden. Die Mauern des erſten Stock=
werkes und der große Keller desſelben ſind noch erhalten.

Die erſten ſicheren Zeugniſſe über die Goeler'ſche Fa=
milie haben wir ſeit dem Beginn des 13. Jahrh.; hier
kann erſt die beglaubigte Geſchichte derſelben beginnen.
An der Spitze derſelben ſtehen zwei Biſchöfe: Konrad,
Biſchof von Würzburg, der um 1199, Friedrich, Biſchof
von Aichſtädt, der um 1234 lebte. Der Dritte, von dem
wir eine ſichere Nachricht, und zwar durch ſeine Grab=
ſchrift in der alten Kirche von Sulzfeld, haben, iſt Ravan
Goeler von Ravensburg („Ravanus dictus Goeler miles
do Ravensburg"), der um's Jahr 1219 ſtarb. Ferner
wiſſen wir, daß um's Jahr 1251 Walter G. v. R. deutſch=
Ordens=Ritter war, Schwenkhardt G. v. R. im Jahr
1298 von Kaiſer Albrecht I. zum Burgvogt von Wimpffen
beſtellt und ihm das dortige Bürgerrecht gegeben wurde.
Von Ritter Berchtold G. v. R. an, der laut ſeines Grab=
ſteines in Sulzfeld 1335 ſtarb, kann die ununterbrochene
Stammreihe urkundlich nachgewieſen werden. Der Enkel
dieſes Berchtold, Albrecht G. v. R., fiel 1411 in der
Schlacht am Donnersberg unter den Fahnen des Pfalz=
grafen Ludwig des Bärtigen, und zwei ſeiner Söhne fielen
1431 als pfälziſche Krieger auf dem Schlachtfelde in Loth=
ringen. Der dritte Sohn Albrechts, mit Namen Martin,
der letzte männliche Sproſſe des Goeler'ſchen Geſchlechtes,
war Domherr und Subdiakonus am Hochſtifte zu Speyer.
Wäre er geiſtlich geblieben, ſo wäre mit ihm das Ge=
ſchlecht erloſchen. Auf Fürſprache des Pfalzgrafen und
des Kaiſers Sigismund ertheilte ihm aber Papſt Eugen
IV. die Dispenſation von ſeinem geiſtlichen Amte, damit

er sich vermählen und den Fortbestand seines Geschlechtes sichern könne. Martin führte denn auch 1433 Anna von Hirschberg, ein Hoffräulein der Pfalzgräfin zu Heidelberg, als Gattin heim.

Die letztgenannten Vorgänge sind es, welche in der nachfolgenden Erzählung, „des Pfalzgrafen Brief", dichterisch verwerthet sind. Eine poetische Licenz derselben ist, daß Albrecht mit seinen Söhnen im Jahre 1431 bei einem Ausfalle aus der von den aufstänbischen Bauern belagerten Stadt Worms in einem Hinterhalte am Donnersberg fällt.

Die beiden ältesten Söhne Martin's und Anna's, Johann (gest. 1493) und Eucharius (gest. 1498), waren Domherren zu Speyer; die beiden jüngeren, Georg (gest. 1502) und Albrecht (gest. 1503), pflanzten das Geschlecht weiter fort, das sich seitdem mehr und mehr ausbreitete und zweihundert Jahre später mit Johann Friedrich (gest. 1711) und Ludwig Ferdinand (gest. 1722) in die zwei heute blühenden Speciallinien, die Fritzische und die Ferdinandische, theilte.

Es war im Jahre des Heils 1430, als in dem gesegneten Kraichgau, auf dem Wege zur Veste Ravensburg, ein junger Mann auf einem hervorspringenden Stein saß und die Laute schlug. Dunkelblonde, in's bräunliche schimmernde Locken, von einem leichten Barette bedeckt und dem Spiel des Windes preisgegeben, umrahmten ein ovales, schönes Antlitz mit hoher Stirne, freundlichen braunen Augen, welche gleichsam fragend in die schöne Gotteswelt blickten, mit feiner hübschen Nase und dem ebelgeschnittenen Munde, von dem Anflug eines kleinen Bärtchens beschattet. Die Gestalt, nicht über Mittelgröße, war zwar schlank, aber nicht unkräftig gebaut, und nahm sich in leichter ritterlicher Haustracht ganz stattlich aus.

Es war ein hübsches Bild; hoch oben auf rebenbewachsener grüner Anhöhe die stolze Veste, unten im Thale die rauschende Kohlbach, welche ihren raschen Lauf durch die lachende Gegend nimmt, und auf dem Wege, welcher zur Ravensburg führt, den jungen Mann, so sehr in seine poetische Aufgabe versunken, daß er nicht einmal den Tritt eines herannahenden Rosses hörte, dessen Reiter dasselbe im langsamsten Paßgange hielt, um den angenehmen Eindruck dieses Anblickes nicht zu verwischen. Der junge Mann sang ein Lied Walters von der Vogelweide mit sanfter, melodischer Stimme und begleitete sich mit einem für die damalige Zeit höchst kunstreichen Lautenspiel. Die Worte des Gesanges waren folgende:

Wollt ihr wissen, was die Augen sein,
Damit ich sehe durch alle Land?
Es sind die Gedanken des Herzens mein,
Damit seh' ich durch Mauern und durch Wand;
Nun hütet sie, wie es euch dünket, gut,
Es sehen sie doch mit vollen Augen, Herze, Will' und
all' der Muth.

Eben als der Jüngling mit gedämpftem Schlußakkord zu einer neuen Strophe ansetzen wollte, sah er um sich und erblickte den Reiter, welcher halb gutmüthig spottend, halb wohlwollend ihn betrachtete.

Mein Albrecht! rief er aus, mein Bruder, sei willkommen, tausendmal willkommen, die Mutter erwartete dich und den Vater erst morgen!

Er ließ die Laute auf den Boden gleiten und eilte auf den Reiter zu, welcher sich jetzt trotz der schweren Rüstung vom Sattel geschwungen hatte, und dessen Pferd ein nachkommender Knappe hielt. Die Brüder umarmten sich zärtlich, schüttelten sich wiederholt die Hände, bis Albrecht lachend sagte:

Wer es nicht wüßte, würde glauben, wir seien seit Jahresfrist getrennt gewesen, und doch ist es erst drei Wochen, seit wir die Veste verließen. Er reckte seine kräftigen Glieder, welche der lange Ritt ermüdet hatte, nahm den Helm ab, der Bruder löste ihm der Harnisch, und so stund er da, ein ächtes Bild schöner Männlichkeit und Kraft; die braunen Haare glänzten in dunkleren Locken als die von Martin, die blauen Augen blitzten feurig unter dunklen, schattigen Braunen, der etwas spöttisch verzogene Mund vermochte mit der Grazie eines Kindes zu lächeln. Um einen halben Kopf größer als sein Bruder, war es ein schönes Geschwisterpaar, der Eine die feurige, sinnende Kraft, der Andere die sinnige Milde.

Und nun erzähle, mein herzlieber Albrecht, hat Martin den Jüngeren, wie es dir auf dem Turnier zu Stuttgart ergangen, wer den Preis errungen?

Sag' du zuerst, schaltete Albrecht ein; bist du auch wieder ganz genesen, und hat das böse Fieber dich verlassen?

Als Martin bejahend nickte, fuhr er fort:

Mir ward recht leid um dich, denn noch nie bin ich ausgezogen ohne mein Brüderlein; der Vater ist stets beschäftigt, und findet auch überall Ritter und Herrn, mit denen er zu verkehren pflegt, Bruder Hans ist mir noch zu jung und kein so guter Reisegeselle, als mein herzlieber Martin! Beide sind übrigens noch auf das Schloß zu Ravan von Mentzingen geritten, den Kaufpreis für den Theil am See und der Mühle auszubingen, welchen der Vater von demselben kaufen will; sie werden erst in zwei Tagen zurückkommen, mich aber litt's nicht mehr fern von Hause und in Unkunde, wie es dir geht, und darum bin ich da und habe dir Manches zu erzählen; es war wohl herrlich in Stuttgart und viel schöne Frauenbilder versammelt; Pfalzgraf Ludwig mit seiner holden Gemahlin war auch gegenwärtig; wie oft habe ich da an dich gedacht, wie deinem poetischen Sinne der schöne Kranz von Jungfrauen gefallen würde, und wie traurig es ist, daß du als der Aelteste, ein mannhafter Junker und Sänger süßer Lieder, durch dein Gebreste an Haus und Bett gefesselt warst.

Laßt es gut sein, Bruderherz, entgegnete der Andere; in einiger Zeit gehe ich wieder zu unserem Vetter Berchtold nach Speyer, und verspreche mir viel Lust und Freude von dieser Reise. Werde ich doch vielleicht das schöne Frauenbild wiedersehen, welches ich, es sind gerade drei Monate, im Dom zu Speyer betend fand, zu den Füßen der allerheiligsten Jungfrau Maria. Es war gerade ein Fest zu Ehren des Schutzheiligen dieser Stadt, und ein groß Getreibe, wie es bei solcher Gelegenheit nicht ausbleiben kann, dabei auch eine Menge frecher, wüster Gesellen; ich sah gerade zwei derselben, wie sie hinter der Jungfrau standen und sich durch Zeichen verständigten, ihr im Gedränge die schwere silberne Kette, welche sie um den Hals geschlungen, und die goldenen Nadeln im Haar zu rauben. Als nun die Jungfrau andächtig ihr Gebet beendet und sich von den Knieen erhob, sah sie mit Schrecken, wie ihre Begleitung sich verloren und sie allein stund; zugleich mußten sie auch die frechen Mienen der räuberischen Gesellen, welche immer näher kamen, erschrecken. Da trat ich rasch vor, und mit der Bitte: Ehrsame Jungfrau, wollt Ihr nicht mein Geleit annehmen, da Ihr das Euere verloren zu haben scheint? legte ich ihre Hand auf meinen Arm und führte sie aus dem Gedränge. Hart am Ausgange trafen wir ihre Begleiterin, eine ältliche Frau, welche ihrer mit großer Angst zu harren schien. Sie dankte mir sittsam, aber freundlich, für den geleisteten Dienst, und noch ehe ich ihren Namen erfahren, ihr meinen ferneren Schutz anbieten konnte, ward sie durch die Menge von mir hinweggedrängt, und nur unter dem Portale sah ich sie nochmals ihr liebliches Haupt nach mir wenden und dann verschwinden. Seit dieser Zeit habe ich keine Ruhe mehr und leide mehr an dieser Herzenskrankheit, als an dem leiblichen Siechthum, welches mich durch das böse Fieber auf dem Lager darniederhielt. Im Traum und im Wachen seh' ich sie vor mir stehen, die dicken blonden Zöpfe um das runde Köpfchen geschlungen, wie sie unter dem Portale sich halb schelmisch, halb erröthend nach mir umsah.

Und darum treibt es mein Brüderlein so sehr, den guten Vetter Berchtold zu besuchen, lachte Albrecht gut=müthig. Wie aber, wenn deine Erkorene keine adelige Jungfrau, sondern eines ehrsamen Bürgers schöne Tochter wäre, was würde Vater und Mutter, was unsere stolze Else zu deiner Wahl sagen? sie würden es nimmer zu=geben.

Und sie müßten es doch, entgegnete der sanfte Bruder mit festem, entschlossenen Tone; doch beruhige dich, das brauche ich nicht zu fürchten, die Jungfrau ging gekleidet gleich eines Edlen Tochter und auf der Gürteltasche war, das sah ich deutlich, als sie betend kniete, ein Wappen kunstreich eingenäht; nur konnte ich nicht erkennen, was es für eines war.

In diesen Gesprächen waren die Brüder die Anhöhe hinan und ganz nahe zur Veste gekommen. Albrecht schien sichtlich mit sich zu kämpfen, ein paar Mal sah er ben in tiefen Gedanken wandelnden Bruder an, endlich begann er: Vor Mondesfrist hätte mir deine Erzählung noch ein Lächeln abgenöthigt, so wenig kannte ich die Liebe und ihre Macht, jetzt, mein Bruder, kann ich begreifen, wie die Erinnerung an ein schönes Augenpaar und an rosige Wangen nicht aus dem Gedächtniß zu bannen ist! War ich doch glücklicher als du, ich konnte die Dame meines Herzens sprechen, weiß ihren Namen.

Du sah'st sie in Stuttgart beim Turnier? fragte Martin.

Nicht beim Turnier, aber des Abends im Rathhaussaal, wo das junge Volk zum Schmaus und Tanz versammelt war, entgegnete Albrecht. Ich Glücklicher habe sie gesprochen, habe sie dann zum Festmahl geführt, welches die Stadt dem Kurfürsten und den versammelten Rittern bereiten ließ; sie war so traulich und hold zu mir, daß ich immer an sie denken muß. Uebrigens ist sie aus dem edlen Geschlecht derer v. Hirschberg und mit ihrem Vater zur Stadt gekommen.

Und ist ihr Vater jener Paul v. Hirschberg zu Lautershausen, fragte Martin, welcher Ebnath so wacker vertheidigte und mit seinem Schwager Seckendorf nebst einer kleinen Schaar dreitausend Mann von den Markgräflichen schlug?

Derselbe, erwiderte Albrecht, zudem ein guter Freund unseres Vetter Berchtold in Speyer, auch dem Vater ist er bekannt.

Da sehe ich also gar kein Hinderniß im Wege, meinte Martin, dem Bruder gleichsam zum Glückwunsch die Rechte schüttelnd.

Der Zuruf einer hellen Kinderstimme unterbrach das Gespräch der Brüder, es war die jüngste Schwester Katharine, welche ihre Mutter und Else herbeirief, den Angekommenen zu begrüßen.

Sie durchschritten rasch den äußeren Burghof und wurden an der Zugbrücke von den Frauen bewillkommt. Katharine plagte den Bruder um den süßen Wecken, welchen er ihr mitzubringen versprach, so wie ein seiden Tüchlein, just wie er beim letzten Ausfluge Else eines mitgebracht.

Beides habe ich vergessen, scherzte der Bruder, bis ihn die Thränen in den rehbraunen Augen des Schwesterleins rührten und er sie an den Knappen verwies, der Alles in Verwahrung hatte.

Die Mutter, Frau Engeltraut, führte die Söhne in die Halle, wo bald ein kräftiger Trunk Albrecht erquickte; sie forderte ihn auf, vom Vater zu erzählen und wie lange er noch ausbleiben würde.

Mir däucht, es ist nicht wegen der Mühle und des Sees allein, daß der Vater zu Ravan von Mentzing ritt, sagte Albrecht scherzend mit munterem Seitenblick auf die erröthende Schwester; er gedenkt auch ein Röslein aus unserem Zwingergarten in den der Mentzings zu versetzen, mit einem Worte, Herr Ravan hat für seinen Sohn Hans um unsere Else angehalten und ich denke, bei dem Kauf der Mühle wird auch über diese Angelegenheit manch' ernstes Wort gesprochen werden, doch will der Vater nichts entscheiden, bis er mit der Mutter geredet, und hat mich nur beauftragt, ihr dies mitzutheilen.

Else war mittlerweile herbeigekommen und hatte schmeichelnd der Mutter Hand geküßt; diese streichelte ihr leise

den braunen lockigen Scheitel und sah ihr prüfend in das
glühende Antlitz.

Junker Hanns ist ein braver Mann, ohne Falsch und
Arg, sagte sie, ferner die Menzingens von alten Zeiten
her mit uns verschwägert und verwandt, ich kann mir
nichts Lieberes denken, als mein Kind unter so guter Ob=
hut zu wissen; doch ehe ein entscheidender Schritt geschieht,
muß ich noch Alles mit meinem Herrn und Gemahl über=
legen.

Als nun aber nach zweien Tagen Ritter Albrecht mit
seinem Sohne Hanns zurückkehrte, und darauf der Eltern
Einwilligung erfolgt war, wurde ein Bote zu Ravan von
Menzingen gesendet, dessen Sohn nach der Ravensburg
einzuladen.

Else war glücklich, sie hatte den Bräutigam schon als
Kind gekannt, war mit ihm aufgewachsen und liebte ihn
gleich ihren Brüdern. Hanns von Menzingen war von
mittlerer, gedrungener Statur, mit dunklem Bart und
Haupthaar, und nicht sehr großen, aber feurig blickenden
Augen. Er liebte seine Braut, „die schöne Else", wie sie
im ganzen Kraichgau genannt wurde, zärtlich und nur sie
verstand es, seine aufbrausende Heftigkeit zu dämpfen,
seinem oft unlenksamen Charakter Zügel anzulegen; dabei
aber war er gutmüthig von Gemüth, hatte stets ein offenes
Herz und eine freigebige Hand für seine Freunde und war
unter der Obhut von Elsens schönen Augen so sanft und
voll zarter Aufmerksamkeit, daß Niemand den wilden
Junker Menzing in dem sanften und bescheidenen Geliebten
geahnt hätte. Die Brautleute lebten also ihres jungen
Glücks und harrten des Tages, der zur Unterzeichnung

des Heirathsbriefes bestimmt werden sollte; die Brüder vertrauten sich ihre gegenseitige Neigung und die Sehnsucht an, welche sie nach dem Wiedersehen der Geliebten empfanden, und während Mutter Engeltraut die Mägde häufiger als sonst am Spinnrocken fesselte, um Elsens Aussteuer in Linnen und wollenen Gewändern zu fertigen, kaufte Ritter Albrecht von den umliegenden Gütern, verkaufte wieder andere ferner gelegene, um seine Besitzungen zu arrondiren. Denn Albrecht v. Goeler war ein weiser und tüchtiger Hausvater und stets bedacht, seiner Kinder einstiges Erbtheil auf kluge Art zu vergrößern; dabei war er ein liebevoller Ehemann, ein gütiger, milder Vater, und es war ein schönes Bild, den kräftigen Mann mit der hohen Stirne und den feurigen blauen Augen zu sehen, umgeben von seiner Gattin und den fünf schönen Kindern; dabei war er stark wie ein Löwe, ein tüchtiger, mannhafter Ritter, und so sanft und gütig er im Familienkreise sein konnte, so gefürchtet war er im Kriege, so unbesiegbar im Turnier. Vor dem strahlenden Glanze dieser blauen Augen hatte schon mancher Gegner gebebt, vor der mannhaften Wucht seiner Streiche war schon Mancher gefallen. Waren die Goelers doch immer ein gefürchtet und geachtet kriegerisch Geschlecht gewesen; sie dienten theils den Fürsten, theils als freie Männer sich und ihren Genossen, und die Ravensburg war gut zum Lanzengewerbe gelegen und auch fest, so lange das Schießpulver noch nicht erfunden war.

Eines Tages nun geschah es, daß Vetter Berchtold, Domherr zu Speyer, zum Besuch eintraf; er war ein Lebemann und bei dem König und dem Pfalzgrafen gleich wohl gelitten, führte er ein angenehmes und sorgenfreies

Leben; dem Becher und heiterer Gesellschaft nicht abhold, zu munterem Scherz und Kurzweil stets aufgelegt, war er immer ein willkommener Gast auf der Ravensburg.

Auch heute wurde er mit Freuden empfangen; Frau Engeltraut führte den Vetter in das Prunkgemach, aus dessen sechstheiligem Erker man eine herrliche Aussicht in die weiten Besitzungen des Ritters und das schöne Kraichgau genoß; man sah dort den Nonnenwald *), das Grafeneck und den Scheibenwald, sowie die östlicher und höher gelegene Mühlbacher Steinbrüche. Dies Gemach war der Lieblingsplatz Herrn Berchtolds, wo ihm, wie er behauptete, ein frischer Trunk aus den kühlen Fässern des riesigen Kellers viel besser mundete, als an jedem anderen Orte, sein feines Closett zu Speyer nicht ausgenommen.

Else holte einen Humpen edlen Ravensburger und credenzte ihn zierlich dem geistlichen Herrn, welcher wohlgefällig die blühenden Wangen des Bräutleins strich und dabei versprach, ein schönes Hochzeitsgeschenk zu senden; darauf plauderte er mit Ritter Albrecht und dessen Söhnen von den drohenden Aspecten am politischen Himmel, hörte aufmerksam auf Frau Engeltrauts Klagen über den noch immer nicht entschiedenen Streit, in welchem sie mit Pfalzgraf Ludwig stand wegen einiger von ihrem Vater ererbten Güter, welche der Pfalzgraf als Lehen beanspruchte. Herr Berchtold sprach sodann von seinem hohen Gönner König

---

*) Der Nonnenwald enthält noch jetzt Ueberreste eines früheren Nonnenklosters, Brunnentheile, Grundmauern ꝛc. und heißt auch hienach. Die Sage behauptet, daß dieses Kloster durch einen unterirdischen Gang mit der Ravensburg in Verbindung gestanden und daß noch jetzt an Weihnachten um die Mitternachtszeit drei Nonnen aus jenem Walde bis zur Seemühle herabkommen und auf baldige Erlösung ihres Geisterwandelns hoffen.

Sigismund, an dessen Hof er sich oft aufhielt, und dessen Gelehrsamkeit er volle Anerkennung erwies.

In diesen schweren Zeiten wäre ein kriegerischer Herr besser als ein Gelehrter! seufzte Ritter Albrecht, König Sigismund aber liebt das ritterliche Wesen nicht.

Weil ihm das Beste hierzu, das Geld mangelt, unterbrach ihn Herr Berchtold scherzend; doch wahr ist es, unser Herr und König hat die Liebe zu den Wissenschaften von seinem gnädigen Herrn Vater, Kaiser Karl dem IV., ererbt.

Wäre auch besser, er hätte die Erbschaft seiner Mutter angetreten, brummte Ritter Albrecht; ich habe sie zwar niemals gesehen, Kaiser Karls IV. Gemahlin, die pommer'sche Elisabeth, aber ein herzhaft Weib muß sie gewesen sein, wie die, von denen die alten Sagen erzählen; hat sie doch auf einem Turnier zu Prag Proben einer fast übermenschlichen Kraft gegeben, wo sie eiserne Hufeisen mit den Händen zerriß, zinnerne Teller wie Pergament aufrollte, zur großen Beschämung der anwesenden Ritter und Edlen.

Ein ritterlicher Herr ist König Sigismund doch, warf Martin Goeler ein, aber welch' schwere Zeiten hatte er zu überstehen, er als dritter König im Reich, drei Päpsten gegenüber, stets von einer Partei verfolgt, während die andere ihres Interesses halber ihm anhing, allen Kabalen dieses ränkesüchtigen Johann von Mainz ausgesetzt, welcher, wie Ihr Herr und Vater doch oft erzählt, Alles that, um seine Wahl als König zu verhindern, die doch unser allergnädigster Pfalzgraf so warm befürwortete; ja, dieser Erzbischof Johann ging so weit, den Dom zu Frankfurt schließen zu lassen, um die Wahl unmöglich zu machen.

Sie geschah aber doch, lachte Ritter Albrecht wohlgefällig, unser allergnädigster Herr ist rasch in seinen Entschlüssen; der Kirchhof hinter dem Dom diente zum Wahlplatz. Ich erinnere mich noch des Versleins, welches die Gegenpartei zum Spott auf unsern Herrn und Fürsten, sowie auf den Erzbischof von Trier, als die Thätigsten bei der Königswahl, machte, weil Ersterer so jung, Letzterer schon alt und beinahe blödsinnig war; es gab ein Lieblein, das hieß:

„Zu Frankfurt hinterm Chor
Haben gewählt einen Kunig ein Kind und ein Thor."

Das Kind, wie sie meinen allergnädigsten Herrn damals zu nennen beliebten, obgleich er lange über die Kinderjahre hinaus war, hat ihnen schon Manches aufzurathen gegeben. Wie stünde es mit dem deutschen Reiche, wenn Pfalzgraf Ludwig nicht mit starker Hand und schnellem Blick die ihm freundlichen Fürsten geleitet, die feindlichen bekrieget hätte? Wahrlich, König Sigismund schuldet unserem Herrn nicht allein die Krone auf seinem Haupte, sondern auch deren Erhaltung. Zum Dank dafür hat er mit diesem Johann von Mainz hinter meines Herrn Rücken einen geheimen Vertrag geschlossen, und mit seinem Wort versprochen und besiegelt, Mainz durch keine Schenkung oder Bevorrechtung zu beeinträchtigen. Zum Dank dafür nimmt er dem Pfalzgrafen das Heirathsgut von 4000 Kronen fort, was Johann Landenbon in England einkassiren sollte, und weigert sich, jetzt es herauszugeben, mit der Entschuldigung, daß wenn man Alles rechne, was die Pfalz jetzt und unter dem vorigen Regenten sich vom Reichsgut zugeeignet habe, würde man wohl quitt sein.

Und doch, warf der Domherr ein, als Ritter Albrecht in seiner heftigen Rede inne hielt, um durch einen tüchtigen Trunk Ravensburger seinen Aerger hinabzuspülen, fehlt König Sigismund nicht die Einsicht in die Verhältnisse, wohl aber die Macht und Gewalt, sich ihnen entgegen zu stemmen: innere Zerwürfnisse im Reich, die Fehden der Fürsten unter einander, die hussitischen Kriege, der Geld= mangel, die Religionswirren, Alles dieses trägt dazu bei, seine Stellung beinahe unerträglich zu machen, doch beharre ich in der Ansicht, daß es dem hohen Herrn nicht an Klugheit und Einsicht gebricht; hat er doch jenem gelehrten Herrn, welcher durch aus geadelt werden wollte und es auch wurde, als dieser sich auf die Ritterbank setzte, das Wort zugerufen: „Das war dumm, Herr Ritter; ich kann in einem Tage tausend Idioten adeln, aber in tausend Jahren nicht einen Gelehrten machen."

Alle lachten und der jüngere Albrecht sagte: Ei, ein ähnliches Stücklein hat mir Ritter Hirschberg neulich zu Stuttgart erzählt: Es wollte Einer geadelt werden, zu dem sagte der König spottend: „Ich kann dich wohl adeln, aber Ahnen geben und dich edel machen, kann ich nicht."

Und doch ist der König schuld an dem neuen Brief= adel, grollte Ritter Albrecht, freilich trägt es ihm Geld ein und darum thut er es, aber wir müssen darunter leiden.

Daß ich nicht wüßte, entgegnete der Domherr, mir hat dergleichen noch nie geschadet und mich noch nie geärgert; doch eben sprach Albrecht einen Namen aus, von welchem ich schon vorhin anheben wollte. Gerade als du, Vetter, das politische Gespräch begannst, gedachte ich von Paul Hirschberg zu reden, welcher vor einiger Zeit mit seiner Tochter in Speyer war und mich besuchte. Anna v. Hirschberg ist eine bildschöne Maid geworden und würde eine stattliche Hausfrau für einen meiner Neffen sein; das Wort, was ich darüber hinwarf, wurde von ihrem Vater schnell aufgefangen; deine Söhne, Albrecht, haben einen guten Leumund im Lande, und ich denke, Ritter Hirschbergs Töchterlein würde sich nicht allzulange zieren, wenn einer von ihnen sie in die Brautkammer führen wollte.

Von dir ist nicht die Rede, Hanns, lachte der geistliche Herr schelmisch, als der Jüngste mit dem Einwurf kam, er habe Anna v. Hirschberg nie gesehen; natürlich sprach ich nur von den zwei Aeltesten.

Martin sagte lächelnd: Diesmal möchte doch allein die Rede von Albrecht sein, lieber Herr und Vetter, von Albrecht, welcher so stumm und starr dasteht, als ob er nie den Namen derer von Hirschberg vernommen hätte, und mir doch erst vor acht Tagen anvertraute, daß er ohne Anna als seine Hausfrau nicht leben möge.

Else jauchzte laut auf und flog dem Bruder an den Hals.

Frau Engeltraut, welche eben mit einem Korbe weißen feinen Brodes eingetreten war, von der Magd gefolgt, welche ein Gericht Wildbraten zum Frühimbiß trug, blieb erstaunt stehen, als sie Albrecht mit hochgerötheten Wangen erblickte, welchen die Schwester stürmisch umarmte und der nur mühsam die kleinlaute Einwendung hervorbrachte, daß er ja gar nicht wissen könne, ob Anna v. Hirschberg ihm nur gut sei.

Die drei Männer lachten so herzlich, daß das weite Gemach davon widerhallte.

Sie wird sich wohl noch sehr wehren und lieber Kloster=jungfrau werden, ehe sie einen so hübschen Junker wie dich freit, spottete Martin wohlgefällig, des Bruders blühendes Antlitz und stattliche Gestalt betrachtend.

Else bat leise: Geh', frei' doch bald, mein Brüderlein, daß wir zusammen Hochzeit halten können.

Dieweil hatte nun Ritter Albrecht seine Hausfrau auf=geklärt, und diese schritt freundlich und glückselig lächelnd auf ihren Sohn zu und zog ihn an ihr mütterliches Herz.

Da kam Albrecht wieder zur Besinnung, er warf sich der Mutter an den Hals und jubelte:

O nun ist Alles gut, und was mir Tag für Tag die Brust enger zuzog, als das engste Panzerhemb, ist gelöst und ich kann wieder frei athmen. Ja, Martin hat Recht, Anna v. Hirschberg oder keine wird meine Gemahlin, und wenn ich nicht ihr Jawort und ihres Vaters Zustimmung erhalte, geb' ich das Ritterhandwerk auf und werde geist=lich wie Vetter Berchtold, oder ziehe, wenn der Pfalzgraf seinen Plan ausführt, mit ihm ins gelobte Land.

Das sollst du nicht, du feiger Geselle! rief ihm der Domherr zu; ei, solch einen Schwiegersohn, der so muth=los die gute Sache aufgibt, noch ehe er mit keckem Ent=schluß begonnen, muß meinem tapfern Freunde, Paul Hirschberg, der mit seinem Schwager Seckendorf und einer kleinen Schaar dreitausend Mann von den Markgräflichen schlug, Ebnath so wacker vertheidigte, nicht willkommen sein! Ich kenne dich ja gar nicht mehr; du, der beherzteste und feurigste unter Albrechts Söhnen, stellst dich an wie ein verliebter Minnesänger und zitterst vor einem Frauenauge! Wenn du nicht herzhafter wirst, thue ich keinen Schritt in der Sache! — Sonst aber, fuhr er schelmisch lachend fort, indem er den Becher erfaßte und durch einen tiefen Zug aus demselben die Festigkeit seines Entschlusses gleichsam bestätigte, gehst du mit deinem Vater und mir in einigen Tagen zu Paul v. Hirschberg, die Sache ins Reine zu bringen.

Ritter Albrecht nickte zustimmend und sagte:

So fügt sich Alles wunderlich in der Welt! War mir doch in meinen jungen Jahren Kunigunde v. Schenk, Paul Hirschberg's Gattin, zur Hausfrau bestimmt, ich aber hatte schon meine Engeltraut erkoren, welche gerade Wittwe geworden war, und mein Vater Wolff gab auch gerne seine Zustimmung zu unserer Verbindung. Jetzt wäre es mir eine besondere Freude, einen meiner Söhne mit einer Tochter jenes Stammes zu verbinden.

Doch nun, Vetter, meinte Berchtold, wäre es wohl das Beste, uns an dies köstliche Gericht Wildbraten zu wenden, indem er behaglich den kräftigen Duft desselben einathmete. Die Andern stimmten bei, der Becher machte dazu die Runde und manche heitere Neckerei des geistlichen Herrn über den Verlobten machte Elsens Wange dunkler erglühen, manche Anspielung auf die Schönheit Anna's v. Hirschberg und deren seltene Eigenschaften ließen Albrecht's Augen vor Freude glänzen und seine Stimmung noch fröhlicher werden.

Als Vetter Berchtold endlich Martin, welcher ihn nach Speyer begleiten sollte, zum Aufbruch mahnte, schieden die

Brüder in freudigerer Stimmung, als sie sich wohl je getrennt hatten.

Albrecht dachte nur an Anna und war selbstsüchtig genug, den Bruder zerstreut anzusehen, als dieser ihm beim Abschied zuflüsterte, in Speyer hoffe auch er glücklich zu werden, bis ihm nach kurzem Bedenken Martins Bekenntnisse einfielen. Ueber sich selbst erzürnt, das Glück des geliebten Bruders so gänzlich über das eigene vergessen zu haben, drückte er denselben gerührt an sein Herz und wünschte ihm so glücklichen Erfolg, wie er ihn hoffe und der Vetter ahnen lasse.

Nach kurzem Abschied von den Eltern und Geschwistern, denn Martin sollte nicht lange in Speyer verweilen, ritten die Beiden, von Herrn Berchtolds Knecht begleitet, über die Zugbrücke, passirten den äußern Burghof und das hintere Burgthor, zogen dann die Anhöhe hinab an der Kohlbach vorüber, deren rauschende Wellen und plätschernde Geschwätzigkeit auch Martin, welcher bis jetzt stumm neben dem Vetter hergeritten war, anzuregen schien. Denn nachdem sie das Dorf und später die Egonsmühle passirt hatten, begann er nach einem stummen, aber ziemlich heftigen Kampfe mit sich selbst den Domherrn auszufragen, und nach diesen und jenen bekannten Namen in Speyer zu forschen. Hörte er nun von Einem oder dem Andern, daß er Töchter habe, so ließ er sich dieselben so genau beschreiben, daß ihn der Domherr mit immer größeren Augen maß und halb lachend, halb erstaunt ihm Rede stund. Endlich aber wurde es ihm doch zu arg und er sagte brummend:

Wenn dich Albrecht mit seinen Freiersgedanken angesteckt hat, was ich daraus schließe, daß du dich doch gar

2

so feurig nach den schönen Jungfrauen, welche Speyer umschließt, erkundigst, so will ich gerne helfen und dir mit Rath beistehen, bis dahin aber laß' mich in Ruhe und Frieden und jetzt vor Allem mein Schläfchen machen, was ich auf meinem Gaule gar herrlich zu thun vermag, denke auch, daß du dasselbige thust, der Knecht mag für uns Beide wachen.

Schlafen konnte Martin nun freilich nicht, aber träumen, gar herrlich träumen konnte er von einem Wiedersehen mit der holden Jungfrau, wo es dann nicht beim Sehen allein verblieb, sondern, denn unser Martin war eine phantasievolle, poetische Natur, auch zum Sprechen, zum Händedruck, ja zum süßen Kuß kam. Wie inniglich mußte die holde Jungfrau mit ihm zu reden, mit züchtigen Blicken und einem schelmischen Lächeln um den Mund, gestand sie ihm, daß sie stets an ihn gedacht, jeden Tag an demselben Altar der gnadenreichen Jungfrau für ihn gebetet und auf ihn gewartet habe. Eben wollte er den Dank für dies entzückende Geständniß auf die holdplaudernden Lippen drücken, als Herrn Berchtolds Pferd strauchelte, und er es mit derbem, ungeistlichem Fluche zusammenraffend, darüber erwachte. Zerronnen war das süße Bild, Martin fand sich auf der breiten Heerstraße in den heißen Strahlen der Herbstsonne, seinen Herrn Vetter zur Seite, der weidlich über sein Thier und über den Knecht schalt, und sich endlich nur zufrieden gab, als Martin geschickt die Rede auf seinen Freund Paul von Hirschberg und somit auf seines Bruders künftiges Bräutlein brachte.

Da ging dem alten Herrn das Herz wieder auf.

Ist ein gar lieblich Wesen, die Anna, sagte er wohlgefällig, geduldig und sanft wie ein Weib, und entschlossen und fest wie ein Mann, dabei ist sie gar gelehrt und vielerfahren in jeder Kunst, sie malt zierliche Buchstaben auf Pergament und kann lesen, wie sie selbiges von einem gelehrten Mönche, den ihr Vater längere Zeit beherbergte, gelernt hat, sie kennt die heilende Kraft aller Kräuter und bereitet Mittel daraus. Gerade jetzt hatte ich auch Zeit und Gelegenheit, ihre Geduld zu bewundern, ihr Vater war krank geworden in Speyer, da hat sie ihn denn getreulich gepfleget, ihm Arzneien gekocht, manche Launen ertragen, alles Unangenehme aus dem Wege geräumt, denn der gute Paul Hirschberg ist etwas heftigen Gemüths; sie hat ihm sogar einen großen Schreck verheimlicht, den sie gerade in den ersten Wochen seiner Krankheit gehabt hat.

Einen Schrecken, und der war? fragte Martin mit höchlichem Antheil.

Nun, entgegnete der Domherr: Es ist in unserer guten Stadt in letzterer Zeit schon öfters vorgekommen, daß Strauchdiebe die Gelegenheit benutzten und manche Unbewehrte anfielen und beraubten; ein streng Gesetz wurde deßwegen herausgegeben und gehandhabt, aber du lieber Gott, wer kann da immer im Kleinen zu Rechtens sehen und ordnen, wenn alle Augenblicke das Reich in Flammen steht, und sich bald die aufständischen Edlen, bald die erbitterten Fürsten bekriegen; wenn es noch falsche Gesellen gibt, welche den Haber von beiden Seiten anzufachen suchen, fuhr er mit gesteigerter Heftigkeit fort, so ist kein Wunder, wenn das deutsche Reich darüber zu Grunde geht; doch davon wollte ich ja gar nicht reden, sagte er beruhigend zu sich selbst, ist ein böses Ding, die Politika, und brachte mich diesmal vom rechten Wege ab; höre aber nur weiter: Eines Tages, als ich bei meinem Freunde Hirschberg saß, kam Anna vom Kirchgang zurück und trat tobtenblaß ins Gemach; ich fragte erschrocken, ob sie etwa eine Ohnmacht befallen oder sonstiges Ungemach ihr zugestoßen sei. Sie schüttelte das Haupt, sagte, es sei gar nichts gewesen, und bedeutete mir durch Zeichen, vor ihrem Vater zu schweigen, aber ich sah, wie ihre Hände flogen, als sie ihm den Becher mit kühlendem Getränk bot, und wie ihr ganzes Wesen verstört war.

Als Herr Paul eingeschlafen und wir allein waren, hat sie mir vertraut, daß sie vor dem Bilde der Gnadenmutter knieend gar nicht bemerkt habe, daß die alte Marthe, ihre Begleiterin, mit einem andern Weibe plaudernd sich an die Domthüre zurückgezogen habe. In gläubigem Flehen um baldige Herstellung des Vaters versunken, sei sie plötzlich durch Sporentritte und einige drohende Worte zur Wirklichkeit erweckt worden, und als sie aufgeschaut, sei ein feiner Junker im Streite mit wüsten Gesellen an ihrer Seite gestanden, der habe sie gebeten, seinen Schutz anzunehmen, weil er aus den Geberden und leise geflüsterten Worten einiger Strolche entnommen habe, daß sie gerade hätte beraubt werden sollen. Bis an die Thüre geleitete sie der fremde Schützer, ohne seinen Namen zu nennen, denn als er sie in guter Obhut gesehen, sei er verschwunden.

Dem Junker Martin waren schon zweimal die Zügel des Rosses aus den vor Aufregung zitternden Händen gefallen, die ganze Gegend tanzte vor seinen Blicken.

Und den Junker? brachte er endlich zwischen den bebenden Lippen heraus, den Junker? wie hat sie Euch diesen beschrieben?

Nun, sie sagte eben nicht viel von ihm, meinte der Vetter, wird ihn sicherlich auch nicht viel angeschaut haben in ihrer Angst und Befangenheit; es ist auch möglich, daß es irgend ein fremder Kriegsmann war, und als ich sie nach ihm frug, meinte sie nur, er habe edel ausgesehen, aber krank und bleich. Doch jetzt natürlich ist die ganze Geschichte vergessen und ich fiel nur darauf, weil ich an die Krankheit ihres Vaters dachte, dieselbe kann sich wiederholen, wie der gelehrte Doctor Hermann Heilmann von Hildesheim versichert, und darum wünsche Ritter Paul sein Haus bestellt und sein Kind versorgt zu wissen! Nun trifft es sich wie eine Schickung des Himmels, daß dein Bruder sie liebt, denn Albrecht ist eigen geartet und hätte eine ungeliebte Hausfrau nie deinem Vater zur Tochter gebracht!

Ja, mein Bruder liebt sie! seufzte Martin gedanken- und sorgenschwer, und das tiefe Leid, was sich um sein junges Herz gelagert hatte, sprach aus tiefen gebrochenen Tönen.

Vetter Berchtold gab nicht auf ihn Acht, sein ganzes Interesse war jetzt auf seinen Plan gerichtet und er fuhr also ruhig fort:

Ja, Albrecht liebt sie, ich habe ihn nie gesehen, wie diesen Morgen, erst so muthlos und verzagt, dann wieder so feurig und leidenschaftlich; auch Anna ist ihm nicht abgeneigt, wie mir ihr Vater vertraute!

Sie liebt ihn! rief Martin aus, und die lachende Gegend schien ihm in diesem Augenblicke eine Wüste, überall öde und leer!

Gewiß liebt sie ihn, entgegnete Berchtold eifrig, dem wohl niemals der Gedanke gekommen wäre, daß man seinen Liebling Albrecht sehen und nicht lieben könne.

Aber der Junker? warf Martin fragend ein.

Welcher Junker? meinte der Vetter ungeduldig.

Nun, den sie im Dome sah!

Bist du vom Bösen besessen, schalt eifrig der entrüstete Domherr, eine sittsame Jungfrau und ein Fant, den sie gar nicht angeblickt, dessen sie sich gar nicht mehr erinnerte.

Wie undankbar! seufzte Martin schmerzlich.

Was hat er den für sie gethan? höhnte jetzt ernstlich böse der Domherr, was jeder Andere an seiner Statt auch gethan hätte, es wird ein fremder Kriegsmann gewesen sein, welcher Speyer schon lange wieder verließ und so wenig an Anna denkt, wie sie an ihn! Dir aber, Martin, hat der süße Minnegesang den Kopf verdreht, daß du nicht mehr weißt, was schicklich für eine Ritterstochter und ehrsame Jungfrau!

Martin schwieg eine Zeitlang betrübt stille, darauf hub er wieder an und bat den Vetter, da Albrecht heftig und leicht zur Eifersucht geneigt sei, ihm niemals von Anna's Begegnung mit dem Fremden zu erzählen.

Der Domherr war zwar erstaunt, einer so gleichgiltigen Sache, wie er wähnte, so viel Bedeutung beigelegt zu sehen, allein er versprach es unbedingt, und Beide ritten in tiefem Schweigen weiter, welches nur durch die Ankunft im Nachtquartier unterbrochen wurde.

Martin, ohne des Vetters Nachtimbiß theilen zu wollen, schützte sein sich wieder einstellendes Fieber vor und suchte sein Lager, dort warf er sich ruhelos umher, und manche heiße Thräne, deren sich auch das tapferste und wackerste Jünglingsherz in solcher Lage nicht zu schämen braucht, floß aus seinen Augen.

Am Morgen war sein Entschluß gefaßt, er theilte dem Vetter mit, wie er schon längst, von schwerer Krankheit befallen, den Vorsatz gefaßt hätte, im Falle er Genesung erlangte, geistlich zu werden, dies aber nicht eher hätte erklären wollen, als bis Albrecht sich eine Hausfrau ausgesucht habe; jetzt da dies geschehen und seinem Vorhaben nichts mehr im Wege stehe, würde er mit dem Vetter nach Speyer gehen, um dort zu bleiben, bis er die Weihen erhalten habe. Den Eltern habe er nichts davon gesagt, um der Mutter Klagen, des Vaters Vorstellungen zu entgehen, der Vetter möge es ihnen nun kund und zu wissen thun, denn Nichts vermöge ihn von seinem Entschluß abzubringen.

Der geistliche Herr war sprachlos vor Erstaunen. Nicht daß in den damaligen Zeiten ein solcher Entschluß etwas besonders Auffälliges gehabt hätte, die Klöster und Stifte nahmen ja täglich die Blüthe des ritterlichen Adels auf, aber das Unvorbereitete der ganzen Sache, die Hast und Ueberstürzung derselben, sowie die sichtliche Verstörung in Martins Zügen rechtfertigten zu Genüge des Vetters ungläubiges Staunen und seine fragenden Blicke.

Nach und nach, als Martin sich gewaltsam bezwang, sah auch er die Sache ruhiger an, und bis sie in Speyer einritten, war er ganz mit des Junkers Entschluß ausgesöhnt.

Dieser aber schrieb an seinen Bruder:

„Mein lieber und vielgetreuer Albrecht! Da ich nach Speyer gekommen und dort zu meinem großen Leidwesen erfahren habe, daß besagte Jungfrau gestorben ist, so habe ich den Entschluß gefaßt, geistlich zu werden, und bitte dich, solches den Eltern als meinen festen und unveränderlichen Willen mit meiner kindlichen Bitte um ihren Segen mitzutheilen. Grüße mir fein Deine geliebte Braut und die Schwestern nebst dem Bruder Hannes. Dein treuer Martin."

Dieses Brieflein sandte er durch Herrn Berchtold, welcher seiner Freiwerberei halber abermals ausritt, um gen Leutershausen zu eilen, wo Paul v. Hirschberg sich gerade auf seinem Stammschloß aufhielt. Dort übergab er seine briefliche und mündliche Botschaft an die erstaunten Verwandten.

Albrecht hatte tiefen Kummer um den Bruder, verrieth aber zartsinnig dessen Liebesgeheimniß nicht, und bat nur, man möge ihn nach seiner Rückkehr von Hirschberg zu Martin lassen; so glücklich er auch war, so legte das Geschick seines Bruders doch einen düstern Flor um das helle Blau seiner Zukunft.

Indessen hatte Paul v. Hirschberg sein Jawort mit Freuden gegeben, auch die blonde Anna war dem Junker gewogen und nicht unzufrieden mit des Vaters Ausspruch, und wenn auch zuweilen die sanften Augen des Jünglings, welchen sie in der Kirche gesehen, vor ihrer Seele auftauchten, so bezwang sie das sehnsüchtige Gefühl, was sie alsdann beschlich, als ein Unrecht an ihrem Bräutigam und zukünftigen Herrn; zudem hatte sie auch Ge=

schäfte vollauf, um die Ausstattung anzufertigen, denn da ihre Mutter gestorben, lag ihr die ganze Sorge dafür ob. Auch von Martins Entschluß wurde sie unterrichtet, und ohne ihn zu kennen, bedauerte sie den Armen, da Albrecht ihr nur vertraut hatte, der Kummer um eine Verstorbene habe ihn dazu getrieben.

Auch auf der Ravensburg herrschte reges Leben, Elsens Aussteuer, welche ihrem Wunsche gemäß an demselben Tage wie Albrecht und Anna mit Hermann von Menzingen vereinigt werden sollte, setzte alle weiblichen Hände in Bewegung.

Der Ritter v. Goeler ritt mit seinen Söhnen ab und zu, bald in das Hoflager des Kurfürsten nach Heidelberg, welchen gerade schwere Krankheit gefesselt hielt, bald zu den benachbarten Rittern und Edlen, sie zum festen ehrlichen Zusammenhalten und Wirken zu bewegen. Denn es war damals eine schwere Zeit für das deutsche Reich; nicht allein, daß die innere Anarchie in manchen Städten mit vollständiger Auflösung bedrohte, daß die Hussiten auf ihren Streifzügen die Oberpfalz und Franken verheerten, und selbst Pfalzgraf Johann zu ohnmächtig war, sich dieser Verwüstung entgegenzusetzen und sich mit einem schimpflichen Tribut abkaufte*). Auch in der Rheinpfalz, welche glücklicherweise von den Hussiten verschont blieb, trieben Räuberbanden unter dem Schutze der allgemeinen Gesetzlosigkeit ihr Wesen, und die kleinen und großen Fehden dauerten ununterbrochen fort. Da war dem Pfalzgrafen denn der Rath eines so klugen und erfahrenen

---

*) S. Häusers Geschichte der Pfalz, S. 297, II. Band.

Mannes wie Goeler gar noth, und Ritter Albrecht war es auch, welcher das erst nach seinem Tode 1431 zu Stande gekommene Bündniß, welches der Kurfürst mit Mainz und Würzburg gegen die Hussiten schloß, damals schon einleitete; aber eben darum war seine Gegenwart in Heidelberg oft von Nöthen und sein Sohn Albrecht sein oftmaliger Begleiter dahin. Nach Speyer zu Martin waren Beide noch nicht gekommen; hatte dieser doch durch Herrn Berchtold flehentlich bitten lassen, ihm einige Monate der Ruhe und stillen Betrachtung zu gönnen; und waren auch damals die geistlichen Herren zum größten Theile höchst weltlich gesinnt, war Martin doch keineswegs so geartet, daß er diesen Entschluß nicht vom ernstesten und frömmsten Standpunkt aus auffaßte, er wollte diese Liebe dem theuren Bruder zum Opfer bringen, und um dieses auch ganz unverfälscht und rein thun zu können, wollte er jede mögliche Verständigung, jede Besprechung über den Gegenstand seiner Liebe vermeiden.

Im Dezember des Jahres 1430 sollte die Hochzeit sein, Else aber verfiel im November in eine heftige Krankheit, welche sie an den Rand des Grabes brachte und deren ernste Folgen theilweise auch durch das Versprechen Albrechts und Anna's beseitigt wurden, nun auch ihre Hochzeit bis zum nächsten Frühjahr aufzuschieben; aber eben dieses neue Jahr ging trübe über Deutschland auf und ließ keine Zeit zu Festlichkeiten dieser Art. Die erneueten Einfälle der Hussiten, die Anarchie, die Judenverfolgungen in deutschen Landen machten einen entscheidenden Schritt nöthig, und so ordneten die Fürsten im Frühjahr 1431 einen großen Reichstag zu Nürnberg an, dem auch Pfalz-

graf Ludwig beiwohnen wollte, und wo ernstliche Maß=
nahmen besprochen werden sollten, um dem immer mehr
überhand nehmenden Unfug zu steuern und doch endlich
einmal einen Schatten von Einigkeit unter die streitenden
Fürsten, die habsüchtigen Ritter und das gänzlich fessel=
lose Volk zu bringen.

Während dieser Zeite lebte Martin ruhig seinen Stu=
dien und seinem neuen Berufe; die Dispens war auf seine
dringenden Bitten gefordert und erhalten, er hatte die
ersten Weihen empfangen und bereitete sich auf einen Be=
such seines Bruders vor, welcher diesmal dem Drang
seines brüderlichen Herzens nicht mehr widerstehen wollte
und konnte, und durch Berchtold, welcher hin und wieder
stets die Ravensburg oder Paul v. Hirschberg besuchte,
seine baldige Ankunft in Speyer verhieß.

Als Albrecht nun zu seinem Bruder kam, fand er den=
selben gefaßter als er erwartet hatte; Martin war zwar
ernst und liebevoll wie immer und suchte nur ängstlich
jeder Frage seines Bruders über die näheren Verhältnisse,
welche ihn zu seinem Entschlusse bestimmt hatten, auszu=
weichen. Er lenkte das Gespräch auf des Bruders glück=
liche Aussichten, ließ sich jeden edlen Zug des Herzens,
jede neue schöne Eigenschaft, welche Albrecht an seiner
Braut entdeckt hatte, erzählen, und hielt mit wahrhaft
martyrerhafter Stärke des Bruders feurigen Ergüssen
Stand. Als er aber des Abends sein einsames Closet
aufsuchte, begehrte das gepreßte Herz des unglücklichen
Jünglings seine Rechte und ergoß sich in wehmüthigen
Seufzern, in bitteren, heißen Thränen.

Albrecht hatte bei seiner Heimkehr den Seinen keine
freudige Kunde zu bringen; was für eine Wandlung war
mit dem theuern Bruder geschehen? Dies war nicht der
frohe, gleichmüthige Martin von früher, noch weniger
theilte er des Vetter Domherrn heitere Weltanschauung
und Interesse für das Allgemeine. Ein trauriges, mit
der Welt zerfallenes Herz fand er wieder, dessen edle und
gütige Regungen allein es vor Erbitterung und Menschen=
feindlichkeit bewahrt hatten. Albrecht war in so tiefer
Betrübniß über des Bruders Sinnesverwandlung, daß er
bei seiner nächsten Einkehr auf Hirschberg derselben kein
Hehl hatte und Anna, ihn nach der Ursache ausforschend,
diese auch bald erfuhr.

Mittheilender als je in dieser Sache fügte ihr Bräu=
tigam der Erzählung noch bei, wie sehr er die unglückliche
Begegnung im Dom zu Speyer beklage, wo sein Bruder
von der Liebe zu der Jungfrau, welcher er einen schützenden
Dienst erwiesen, ergriffen worden sei, um sie dann auf
ewig zu verlieren.

Im Dom zu Speyer? fragte Anna, aufmerksam geworden,
und welchen Dienst hat dein Bruder ihr geleistet?

Albrecht wiederholte in Kürze Martins Erzählung;
bemerkte zum Glück, von der eigenen Empfindung hinge=
rissen, die Gemüthsbewegung seiner Braut nicht, als diese
in Albrechts Bruder den rettenden Junker wiederfand,
dessen Bild oftmals, trotz ihrer Neigung zu ihrem Bräu=
tigam, als Schutzgeist in ihre Träume verwebt war. —
Sie wollte ihn unterbrechen, ihm zurufen, daß ja sie diese
Jungfrau sei, daß sie unwissentlich ein schönes Leben ge=
trübt habe; aber ihr klarer Sinn fand bald das Rechte,

und indem sie Martins Entschluß billigte, theilte sie ihn gewissermaßen, denn auch sie beobachtete ein tiefes Schweigen über ihre Begegnung mit ihm und sah ein, daß keinem geholfen sein würde, wenn Albrecht über des Bruders Gefühle belehrt, denselben durch seine Schuld unglücklich wüßte. Im stillen Kämmerlein aber dachte sie oft und viel über diese Begebenheit nach. Woher hatte Martin wohl erfahren, daß Anna v. Hirschberg und die Jungfrau im Dome eine und dieselbe Person sei? Hatte er sie wohl in Stuttgart gesehen? Aber nein, Albrecht hatte ja damals deutlich erzählt, daß sein Bruder krank sei. Und diesem eben Genesenen wurde so grausam sein Lebensglück zertrümmert, und mit welcher Zärtlichkeit schonte er noch des Bruders Gefühle, indem er die Geliebte als für ihn todt, als eine Gestorbene geschildert hatte. Anna wäre kein Mädchen gewesen, wenn nicht tiefe Rührung sie ergriffen, ein noch wärmeres Interesse als vorher sie an Martin gefesselt hätte, und obgleich sie sich sündhaft schalt, die edle Ruhe seines Herzens aufs Neue zu stören, beschloß sie doch, eine zierliche Copie der Gnadenmutter im Dom zu Speyer auf Pergament zu malen und ihm solche einst bei passender Gelegenheit zu verehren.

Die Mädchen waren damals wohl wie heut zu Tage. Die Beste und Reinste ist von einer so bescheiden und doch so klar ausgesprochenen Neigung unwillkürlich geschmeichelt, und ohne ihren Willen erhält das Mitleid eine wärmere Färbung. Anna v. Hirschberg, welche wohl über das Ansinnen, als sei sie ihrem zukünftigen Schwager geneigter als sich gebührt, entrüstet gewesen wäre, verglich doch oft im Stillen die zwei Brüder, und obwohl sie Albrech.

wahrhaft herzlich zugethan war, fiel der Vergleich doch niemals zum Nachtheil Martins aus.

In dieser Weise rückte der Frühling des Jahres 1431 und mit diesem die für die Hochzeit bestimmte Frist heran und erweckte ein thätigeres Leben auf der Ravensburg, in Leutershausen und auf der Burg von Mentzing. Trotz den politischen Constellationen, die immer trüber wurden, trotz den beständigen Fehden, räuberischen Ueberfällen, ja vielleicht wegen denselben, wünschte Vater Albrecht seine Kinder zu verheirathen und setzte die Hochzeit auf den Juni dieses Jahres fest.

Da entbot ein Schreiben des Pfalzgrafen Ludwig den Ritter nebst seinen beiden Söhnen nach Heidelberg, welchem Rufe diese auch unbedingt Folge leisteten. Dort eröffnete der Kurfürst dem Herrn v. Goeler, wie er, im Begriffe gen Nürnberg zu ziehen und dem Reichstage beizuwohnen, eine Bitte und Aufforderung der Stadt Worms erhalten habe, der von den pfälzischen Bauern hart bedrängten und geängstigten Stadt Schutz und Vertheidigung zu verschaffen. Die Ursache des ganzen Streites war wohl die Weigerung der Bauern, die in den theuern Zeiten gemachten Judenschulden zu bezahlen; und somit ließ sich noch hoffen, daß wenn bei Zeiten eingeschritten würde, der Zwist noch beigelegt werden könne. Was geschehen sollte, mußte aber jedenfalls bald geschehen, um den Brand der Anarchie und Gesetzlosigkeit nicht zu weit um sich greifen zu lassen.

Ritter Goeler versprach seinem Herrn, mit allen seinen Mannen und Vertheidigungsmitteln der bedrängten Stadt zu Hilfe zu eilen, und auch noch andere Ritter und Edle zu dem gleichen Zwecke aufzufordern, worauf er dann in Gnaden und mit dem Versprechen entlassen wurde, bei des Kurfürsten Rückkehr alsogleich durch einen Boten von dem Erfolg der Reichstagsversammlung benachrichtigt zu werden. Leider sollte diese Zusage nie in Erfüllung gehen.

Alsobald nach Ritter Goelers Heimkehr betrieb er mit Eifer die Angelegenheiten von Worms, und unter dem Beistand mehrerer Ritter und Edlen mit ihren Fähnlein setzte sich ein ansehnlicher Hilfszug in Bewegung.

Albrecht und Hanns begleiteten den Vater; ersterem hatte noch eine Sendung an den Ritter v. Hirschberg das Mittel gegeben, sich von Anna, wie er glaubte, nur auf kurze Zeit zu verabschieden. Sein künftiger Schwiegervater, welchen eine schmerzhafte Krankheit an das Lager fesselte, gab ihm von Mannen mit, was zu entbehren war, und Albrecht schied so leichten Herzens und Sinnes von seiner Braut, als ginge es zum fröhlichsten Turnier.

Da in der damaligen Zeit so oft und beinahe täglich größere und kleinere Gefechte stattfanden, dachte auch Anna beim Abschied an nichts weniger als an einen traurigen Ausgang dieser Sache, und doch sollte das Schrecklichste geschehen.

Nachdem der Zug glücklich in die bedrohte Stadt gelangt war, und dieselbe durch die mitgebrachten Vertheidigungsmittel in den besten Abwehrzustand versetzt hatte, gelang es dem Herrn v. Goeler zu zweien Malen, die Bauern mit tüchtigem Verlust zurückzuschlagen; das dritte Mal aber, wo er die Aufständischen bis an den Donnersberg verfolgte, gerieth er mit seinen Söhnen und mehreren der angesehensten Wormser Bürger in einen feindlichen

Hinterhalt, dessen dreifache Ueberzahl die unglücklichen Ritter überwältigte. Sie wehrten sich Alle tapfer und auf's Aeußerste, fielen aber Alle, Mann für Mann, bis auf einige Sölblinge, welche sich durch die Flucht retteten und der entsetzten Bürgerschaft die kummervolle Trauerkunde überbrachten. Zum Glück für die Stadt verfolgten die Bauern ihren Sieg nicht weiter nnd gaben dann für einige Zeit Ruhe.

Auf der Ravensburg aber herrschte Schmerz und Verzweiflung, da der kräftige Vater mit den beiden blühenden Söhnen als Leichen dahin geleitet wurden. Frau Engeltraut war aller Fassung baar und hatte nur den Wunsch zu sterben, um mit ihrem geliebten Herrn und ihren theuern Söhnen vereinigt zu sein. Umsonst erschöpfte der Domherr die ganze Kraft seiner Beredsamkeit. Auch er war zu ergriffen von dem entsetzlichen Unglücksfall, um ein passender Tröster sein zu können. Nur als Martin, welchen die Feierlichkeit seiner Aufnahme in den geistlichen Stand gerade in dieser Zeit von der Heimath zurückgehalten hatte, mit Erlaubniß des Bischofs in das Vaterhaus kam, und statt aller Tröstung, deren er unfähig gewesen wäre, seine Thränen mit denen der Seinigen vereinte, kam einiger Friede in das schwergeprüfte Gattin- und Mutterherz.

Auch Auna v. Hirschberg verließ das Krankenlager ihres Vaters, um auf die Ravensburg zu eilen, und hier war es, wo sich die beiden jungen Leute zum ersten Male seit der Begegnung im Dome wiedersahen und sprachen. Doch welch' ein traurig Wiedersehen war dies! Martin, gefesselt durch ein heiliges Gelübde, nur von Trauer um den über Alles geliebten Bruder erfüllt; Anna in tiefes Leid versenkt durch den Verlust eines Bräutigams, welcher ihr jetzt freilich durch des Todes heiligende Kraft verklärter als der Geliebteste erschien; Beide vereinigt durch Kummer und Thränen um die geliebten Verstorbeuen.

Auch der Pfalzgraf war tief erschüttert, als er bei seiner Rückkehr von Nürnberg die Trauerkunde erfuhr. Auf seine Bitten und Ansuchen überließ der König Frau Engeltraut und ihren beiden Töchtern, Else und Katharine, die Ravensburg auf Lebenszeit, nach deren Tode mußte dieselbe, da keine männlichen Nachkommen mehr vorhanden waren, welche den Stamm der Goeler fortpflanzen konnten, an den König zurückfallen.

Frau Engeltraut verlebte nach Martins Rückkehr nach Speyer stille und einsame Tage auf der Burg, selbst Elsens Hochzeit mit Mentzingen, welche der Trauer halber nur stille gefeiert wurde, vermochte keinen Freudenblick in das gramumnachtete Leben der Armen zu senden. Auch Anna v. Hirschberg mußte sie bald wieder verlassen; ein Bote rief sie an das Sterbelager ihres Vaters, und nach dreiwöchentlicher rastloser, liebevoller Pflege stand Anna verwaist und einsam an der Bahre desselben.

Entfernte Vettern waren die einzigen Leidtragenden, und so erschien dem armen Mädchen eines Tages, gleich einem Boten des Himmels, ein Abgesandter des Kurfürsten von zweien Frauen aus dem Gefolge seiner Gemahlin begleitet, welcher den Auftrag hatte, Anna an das Hoflager nach Heidelberg zu geleiten, wo sie in der Umgebung der Kurfürstin eine bleibende Stätte finden sollte.

Langes Zaudern wäre hier nicht thunlich gewesen, und so sehen wir Anna schon am dritten Tage wohlbehalten, aber tief betrübt, in der Hofburg eintreffen. Das fürstliche Paar empfing sie gleich einer Tochter und suchte auf alle Weise ihr den doppelten Verlust weniger schmerzlich zu machen; was aber eigentlich in Anna vorging, wußte Keiner, sie selbst am wenigsten. Zu der Trauer um einen geliebten Verstorbenen gesellte sich noch der Kummer um einen Lebenden, welcher unglücklich war, sowie um ihr eigenes verfehltes Dasein, und so wandelte sie ruhig und ernst ihre Bahn, stets besorgt um ihre fürstliche Herrin und von Dankbarkeit für deren Huld erfüllt, aber sonst ungerührt von den versteckten und offenen Huldigungen der Junker, welche sie umgaben. Nur nach der Ravensburg sandte sie häufig Boten, um Nachricht von Frau Engeltraut, und zwischen diesen beiden an Alter so verschiedenen Frauen bildete die Neigung zu dem Verstorbenen und vielleicht auch das unbewußte Interesse, welches Anna an dem Lebenden nahm, eine feste und innige Freundschaft.

Else Menzingen hatte in dieser Zeit ihrem Gatten eine liebliche Tochter geschenkt, und Katharina, das schelmische Kind, erblühte im stillen Schatten der Ravensburg zu einer holden Mädchenblume und war ihrer Mutter einzige Freude und Trost. In dieser Weise gestaltete sich das Leben unserer Freunde. Martin ließ wenig von sich hören, er lebte strenge seinem Berufe und der Erinnerung, welche er nicht ganz zu bannen vermochte, und ärgerte, ohne sein Wissen und Willen, den Domherrn, seinen Vetter, dessen weltliche Ansichten er nicht zu theilen im Stande war, weiblich durch sein kopfhängerisches Wesen, wie es dieser zu nennen beliebte.

Die Weltbegebenheiten gingen indessen ihren Lauf, zuerst versetzte die traurige Niederlage des deutschen Heeres bei Taus in der Schlacht gegen die Hussiten das deutsche Reich in die tieffste Bestürzung. Pfalzgraf Ludwig beklagte bitter seine Krankheit und das herannahende Alter, welches ihm nicht erlaubte, sich diesem Zuge anzuschließen, der vielleicht durch seine tapfere Gegenwart ein ganz anderes Ende erreicht haben würde; jetzt war es ihm nur möglich, durch kluge Unterhandlungen des Reiches Vortheil zu wahren, und so schloß er mit seinen Nachbarn Mainz und Würzburg ein Bündniß gegen die Hussiten, sowie eines mit Speyer zur Erhaltung des Landfriedens.

Im Jahr 1432 war es ihm trotz seiner schlechten Gesundheit doch möglich, den Reichstag zu besuchen. Auf der Heimreise aber überfiel ihn sein alter Feind, die Gicht, mit so bedeutender Uebermacht, daß der arme Fürst kaum noch Heidelberg erreichte.

Anna half der Kurfürstin getreulich bei der Pflege ihres Gatten, ihr großartiger Sinn verstand ihres Fürsten Charakter besser als die ganze übrige Umgebung, und wenn sie, der neuen Lehre schon mehr zugeneigt, sein Verhalten bei der Verurtheilung und Urtheilsvollstreckung des böhmischen Professors Johann Huß, welchem Kaiser Sigismund freies Geleit zugesagt und dann, durch den Pfalzgrafen veranlaßt, wieder gebrochen hatte, nicht billigte, so war sie doch zu edeldenkend und klug, um Ludwig nicht mit der Macht der Verhältnisse, mit seiner Freundschaft zum Papste und seinem Eifer in kirchlichen Angelegenheiten zu entschuldigen, einen Eifer, welchen er als Ordner des Concils schon öfters wacker bethätigt hatte, da man sogar von ihm erzählt, daß er in seinem vorgerückten Alter noch lateinisch erlernte, um den Verhandlungen besser folgen zu können.

Mit des Kurfürsten Gesundheit aber wollte es sich trotz der sorgsamsten Pflege nicht bessern, und doch begehrten die Zeitereignisse bringender seine Thatkraft und seinen Geist.

Schon Anno 1430 hatte eine Erzbischofswahl für Trier stattgefunden, der Papst hatte zwei Candidaten zu derselben verworfen und den kriegerischen Bischof Rhabanus von Speyer, einen alten Freund des Kurfürsten, eingesetzt. Seit zwei Jahren wurde nun diesem der Eintritt in die Stadt von seinen Gegnern verweigert, welche zu diesem Zweck Trier belagerten, und nun erschien im Mai des Jahres 1433 ein Aufruf des Papstes an ihn, dem Erzbischof doch zu seinem guten Rechte verhelfen zu wollen. Wie gerne hätte Ludwig gewillfahret, aber ein mächtiger Herr beugte seinen sonst eisernen Willen. Als er sich nun eines Tages besonders unwirsch und unglücklich über seine Krankheit geberdete, und die Kurfürstin und Anna ihm mit holdem Trosteswort zuredeten und Säcklein kühlender Kräuter auf seine schmerzenden Füße legten, begann er sein Geschick anzuklagen, das ihn jetzt so schmählich an's Lager fessele, und vermaß sich hoch und theuer, so Gott ihm gnädig sein und sein Uebel eine Zeitlang von ihm nehmen wolle, bis er sein vorgesetztes Werk gethan, er gerne für seine andere Lebenszeit ein Krüppel und ein Siecher bleiben würde. Anna verbot ihm so frevelhaften

Ausspruch mit bittenden Worten, allein ihre Seele war tief ergriffen von den moralischen Leiden ihres Fürsten, und sie dachte noch in später Nacht an Mittel zur Linderung seiner Pein, obgleich Herr Heilmann, damals einer der berühmtesten Aerzte seiner Zeit, schon alle seine Kunst aufgeboten hatte. Die Gedanken aber, die Anna über ihres Herrn Leiden hatte, verursachten ihr einen seltsamen Traum; sie sah im Geiste den Pater Medarbus zu sich treten, eben denselben Mönch, welcher bei der Zerstörung des Klosters von St. German 1420 in Speyer vertrieben, bei ihrem Vater eine Zufluchtsstätte gefunden, und aus Dankbarkeit sein reiches Wissen in der Heilkunde dessen Tochter mitgetheilt hatte. Der gute Pater war schon längst verstorben, jetzt aber sah ihn Anna ganz deutlich die Hand auf ihren Scheitel legen und sagen: „Im verfallenen Klostergarten zu St. German, dicht an der Mauer, wo die Kapelle stand, wächst ein feingezacktes Kräutlein, Brionnia genannt, grabe davon die Wurzeln aus, koche sie und gieb diesen Trank dreimal dem Pfalzgrafen zu trinken; dieses Kräutlein ist die Blume deines Glücks"; und als sie schauernd erwachte, glaubte sie noch im Grauen der Morgendämmerung die ehrwürdige Gestalt des Mönchs langsam und allmählig verschwinden zu sehen. Ja, im Klostergarten zu St. German! Wie oft hatte ihr der fromme Mann von den vielen heilsamen Kräutern erzählt, welche er dort gepflanzt, und auch öfters das genannte Kraut bezeichnet als für Gicht und ähnliche Leiden besonders heilsam. Aber wie war es für die Jungfrau möglich, nach Speyer zu gelangen? Gerade jetzt waren die Straßen unsicherer als je, aufrührerisches Landvolk, räu-

berische Ritter und Edle und trotzige Bürger wirkten
gleichmäßig gegen Ordnung und Recht. Ein Geleit des
Pfalzgrafen würde ihr, wenn sie es erbeten, nicht geman=
gelt haben, aber es hätte in der Eile, denn die Zeit
drängte, nur aus wenigen, entbehrlichen Reisigen bestehen
können, welche vielleicht noch eher einen Ueberfall herbei=
gelockt, als ihn verhindert hätten. Einen ganzen Tag
ging Anna wie im wachen Traume umher, alle Möglich=
keiten, ihr Ziel zu erreichen, im Geiste erwägend, endlich
erschien ihr ein zuerst aufgestiegener und öfters wieder
verworfener Gedanke, nämlich der der Verkleidung, doch
noch als der ausführbarste, und sie beschloß ohne Zöge=
rung zu seiner Vollstreckung zu schreiten. Auf dem Schloß=
berge in Heidelberg wohnte eine arme kranke Frau, welche
durch einen bösen Fall ihren Sohn verloren hatte; zu ihr
war Anna v. Hirschberg oft mit erfrischenden Kräuter=
tränken und Speisen aus der Schloßküche gegangen, auch
heute wollte sie dieselbe wieder besuchen. Vielleicht hatte
die Frau noch einen Anzug ihres Knaben, welcher ihr
passend sein konnte.

Ohne Zeitverlust flog Anna mehr als sie ging dem
armen Häuslein zu; auf ihre eifrige Anfrage erklärte sich
die Kranke sehr gern bereit, dem hilfreichen Fräulein die
Sonntagskleider ihres Sohnes zu leihen, und bald stand
ein schlanker junker Bursche vor dem erstaunten Weibe.
Bis jetzt war Anna die Verkleidung recht leicht geworden,
nun aber, wo sie im Begriff stand, ihr schönes langes
Haar abzukürzen (denn zum Scheeren, wie es die unfreien
Leute damals trugen, konnte sie sich nicht entschließen),
da hob ein tiefer Seufzer ihre gepreßte Brust und der

Anblick der blonden abgeschnittenen Locken war ihrer weiblichen Eitelkeit schmerzlich. Der Gedanke aber, für ihren Fürsten und Herrn, welcher so oft Krankheit und bitteres Leiden mit kräftigem Willen überwunden hatte, wenn es des Reiches Frommen und das Wohl seiner Unterthanen betraf, gaben ihrer Seele neuen Muth, sie packte ihre Kleider in ein Bündelchen und befahl dem Töchterlein der Frau, dieselben am Abend in die Burg zu tragen und einem aufwartenden Diener mit beiliegendem Brieflein an die Frau Kurfürstin zu überbringen. In dem Brieflein aber hatte sie dieselbe gebeten, ihr ob ihrem Entrinnen nicht zu zürnen und fest zu vertrauen. In dreien Tagen gedenke sie zurück zu sein.

Natürlich brachte der Bote Angst und Schrecken in das Schloß, der Kurfürst tobte über die Gefahr, in welche sich das tolle Kind gestürzt, seine Gemahlin erging sich in Muthmaßungen, was Anna zu diesem Schritte bewogen haben könne. Ein fromm Gelübde, eine kleine Pilgrimschaft war Beider Gedanken, aber wohin, und wie ihr Schutz und Geleit zukommen lassen? Das waren die Sorgen, welche beide Fürsten bestürmten, und den Pfalzgrafen beinahe so hart plagten wie sein eigen Gebreste und seine Schmerzen, die heute besonders heftig waren.

Ja, ein frommer Pilgergang war wohl der Zweck unserer Heldin, denn Dankbarkeit und glühende Begeisterung für ihren fürstlichen Gebieter waren die stummen Gelübde, welche sie dazu trieben.

Um nicht ganz unbewaffnet und wenigstens zur Nothwehr gerüstet zu sein, hatte Anna einen kleinen maurischen Dolch, ein Erbstück ihres Vaters, zu sich gesteckt, denn eine hölzerne Armbrust schien ihr zu schwer zu führen, da es immer viele Kraft erforderte, dieselbe zu spannen, die eisernen aber, welche schon gespannt und leichter zu führen waren, wurden zu damaliger Zeit noch als eine ziemliche Seltenheit betrachtet.

Anna v. Hirschberg schritt also ruhig auf der Straße nach Speyer fort, die kurze Nacht brachte sie in einem Bauernhofe zu, und am andern Tage setzte sie ihre Wanderung gekräftigt fort, die größeren Heerhaufen, welchen sie begegnete, wußte sie geschickt zu umgehen oder sich im Graben und Wald zu verbergen, bis sie vorüber waren, kurz sie erblickte am Abende, zwar mit wunden Füßen aber gekräftigtem Sinne und Muthe, die Thürme von Speyer und sank mit dankerfülltem Herzen auf die Kniee, dem lieben Gotte, welcher sie auf dem gefahrvollen Wege so sichtlich beschützt, Lob und Preis zu weihen. Obgleich von dem anstrengenden Gange todtmüde, von Hunger und Hitze gepeinigt, schritt sie doch augenblicklich dem verfallenen Kloster zu, welches, vor der Stadt gelegen, mit seinen abgebrannten zerstörten Mauern ein Wahrzeichen für die Ruhe des Landes und den Schutz, welchen man hier finden konnte, bot. Anna schritt achtlos und eilfertig über die Gräber, denn die Erwartung hatte trotz der großen Ermüdung ihre Sohlen beflügelt. Wie war ihr aber freudig zu Muthe, als ihr hastiger Schritt an dem bezeichneten Platze inne hielt, und sie in dem dort in reicher Fülle wuchernden Kraut das Verlangte erkannte. Mit Hilfe ihres Dolches grub sie rasch die Wurzeln aus, steckte deren so viele zu sich als ihre Taschen zu fassen vermochten, und schritt nun mit freudig gehobenem Herzen der Stadt Speyer zu.

Am Eingange desselben war sie nur einen Augenblick im Zweifel, ob sie die Herberge aufsuchen solle, ihr tiefergriffenes, gläubiges Gemüth zog sie zur Kirche, dem Herrscher der Welt für ihre beinahe wunderbar gefahrlose Reise und die Erreichung ihres Zweckes zu danken. Im Dom angelangt, suchte sie das Marienbild auf, und betete vor demselben lange und inbrünstig, daß Gott ihr Werk segnen und dem theuren Herrn neue Gesundheit verleihen möge. Es wurde Abend, einzelne Beter gingen ab und zu in dem weiten Gotteshaus; dort an jenem Beichtstuhle hörte ein Geistlicher die Beichte eines Lanzenknechts, an einem Seitenaltar lag ein anderer Geistlicher im tiefen Gebete auf den Knieen, der leise Geruch von Weihrauch und grünen Maien, welche noch von einem Feste herrührend den Dom verzierten, lud die Seele zu träumerischem Ausruhen ein.

Anna setzte sich nach beendigtem Gebete in einen Stuhl, ließ ihr früheres Leben, ihre Begegnung mit Martin, welchen sie bei der kranken Mutter wußte, an ihrem Geiste vorüberziehen und flehte inbrünstig die Gnadenmutter an, dem Freunde die Herzensruhe wiederzugeben und ihr selbst in strenger Pflichterfüllung und Werkthätigkeit die Heiterkeit wiederzuschenken, welche sie früher besessen hatte. Allmälig verschwammen ihre Gedanken, die Augen fielen ihr zu, und das ermüdete Mädchen schlief sanft und ruhig ein. Verworrene Träume durchkreuzten ihren Schlaf und während sie in e i n e m Augenblick ihren fürstlichen Herrn sah, wie er vollkommen hergestellt, auf hohem Rosse saß und mit einem ansehnlichen Heereszug gen Palästina ziehen wollte, sah sie im Nächsten das Bild schon verwischt, sich

selbst mit Martin Hand in Hand vor dem Muttergottes=
bilde knieen; statt der Mutter der Gnaden stand aber ihre
Herrin, die Kurfürstin, da, und breitete die Arme segnend
über sie aus. Martin zog sie an sein Herz und sagte:
„Ich danke dir, du hast uns gerettet!" Ein freudiger
Ruf entrang sich ihrer Brust und sie erwachte. Vor dem
Stuhle aber, wo sie in tiefem Schlafe versunken, gelehnt
hatte, stand sprachlos und das Unglaubliche nicht fassen
könnend, Martin und starrte die holde Erscheinung er=
schüttert an; er fürchtete, wenn er den Blick wegwende,
möge das liebliche Gebilde in Luft zerfließen.

Anna war nur einen Augenblick zweifelhaft, was sie
thun solle, im nächsten hatte ihr feiner Takt und ihre
Entschlossenheit sie schon geleitet, sie reichte ihm die Hand
und sagte: Ja, staunet nur, ich bin's, Anna, die unglück=
liche Braut Eures geliebten Bruders, welche hier in dieser
Kleidung und in solch einer Stunde vor Euch steht. Ver=
weilet noch ein paar Augenblicke, und Ihr sollt Alles
erfahren. Darauf kündete sie ihm mit geflügelten Worten
den Zweck und glücklichen Ausgang ihres heroischen Unter=
nehmens an, und zeigte ihm ihr Befremden, ihn hier zu
finden, da Mentzingen, welcher vor fünf Tagen das Hof=
lager besucht hatte, Frau Engeltraut unwohl und ihn auf
der Ravensburg erwähnte.

Da war ich auch, sagte Martin endlich, welcher, kühner
geworden, die schlanken Finger des mädchenhaften Jüng=
lings nicht aus den seinen ließ; doch meine Mutter ist,
die Heiligen seien gepriesen, schnell wieder genesen; mich
aber trieb ein unbewußtes Gefühl fort, nach Speyer, als
sollte mir dort etwas offenbart werden.

Was nun auch geschehen ist, unterbrach ihn die Jungfrau scherzend, doch jetzt bitte ich Euch, mich in das Wirthshaus zur Krone zu geleiten, es ist unser Aller Absteigequartier, die Wirthin ist aus Leutershausen und mir wohlbekannt, eine ehrbare, verständige Frau, welche meine Verkleidung begreifen und mir ein anständiges Unterkommen sichern wird. Wäre ich nicht zu müde, würde ich noch diese Nacht aufbrechen, so treibt mich die Sehnsucht, meinem gnädigsten Herrn den schweren Kummer, welcher ihm seine Krankheit verursacht, wenn nicht hinwegzunehmen, doch zu erleichtern, so aber würden meine armen Füße trotz des festen Willens mich nicht weit tragen, und ich will ein paar Stunden dem Schlafe schenken, der mich jetzt sogar, da ich im Gebete begriffen war, überfiel. Morgen mit dem Frühesten lenke ich meine Schritte gen Heidelberg.

Doch nicht allein und schutzlos, will ich hoffen, entgegnete Martin, als Anna ihm auf dem Wege zur Herberge Vorstehendes gesagt hatte; so wahr mir Gott helfe, eble Jungfrau, so wahr lasse ich euch nicht zum zweitenmale mit meinem Wissen und Willen in solcher Gefahr! Er sagte dies in so festem entscheidendem Tone, daß des tapfern Hirschbergs energisches Kind ihn einigermaßen betroffen anblickte. Des sonst so sanften Martins ruhige Entschiedenheit gab ihr ein Gefühl der Sicherheit, welches jede, auch die charaktervollste Frau empfindet, wenn sie sich in der Obhut eines wahren Mannes weiß. Sie sah ihn fragend an. Nicht daß ich selbst Euer Geleitsmann sein dürfte, fuhr er haftiger fort, indem ein glühendes Roth seine Wangen färbte, die Seligkeit, welche mich jetzt eben beim Wiedersehen selbst am geweihten Orte beschlich, zeigte mir, wie sehr ich Euch noch liebe und wie wenig ich in Eurer Nähe weilen darf; ja, wer stünde dafür, fuhr er schwärmerisch in die Ferne blickend fort, ob ich nicht beim raschen Ritt in freier Luft an Eurer Seite meiner Gelübde vergessen, Euer Roß am Zügel nehmen und mit Euch flüchten würde, wo Niemand den unglücklichen Martin Goeler kennt. Er hatte bei diesen Worten heftig ihre Hand ergriffen, als ob er schon jetzt bereit sei, sie für sich zu erobern, zu halten und zu bewahren.

In Anna's Brust verdrängte der Jubel, sich geliebt zu wissen, die Sorge um des geistlichen Herrn leidenschaftliche Rede nur einen Augenblick, sie faßte sich gewaltsam und ihm ihre Hand mit raschem Rucke entziehend, sagte sie ernst: Nicht also sollt Ihr zu mir sprechen, ein Gottgeweihter, zu der Braut eines Todten, welcher Euer Bruder war, Ihr habt edler und größer gehandelt, als ihr Euch eben gebt, deß werde ich nie vergessen! Dort winkt das Schild meiner Herberge und Frau Maria steht unter der Thüre, erlaubt, daß ich hier von Euch Abschied nehme und Euch bitte, meiner als einer großen Sünderin in Euren frommen Gebeten zu gedenken. Noch einmal reichte sie ihm die Hand, dann rasch sich losmachend eilte sie schnellfüßig der nahen Krone zu. Martin sah sie noch zu der dicken Wirthin treten, bemerkte die Geberde des Erstaunens, womit dieselbe den jungen Menschen begrüßte, ihn nach einigen Worten schnell am Arme faßte und in das Haus schob. So die Geliebte für's Erste wohlgeborgen wissend, kam ihm auch die Besinnung wieder, und der Entschluß, was zu thun sei.

Anna hatte sich am reichlichen Imbiß gelabt, welchen ihr die erstaunte und frohe Wirthin gereicht hatte, und war eben im Begriff, in ihrem Kämmerlein die wohlverdiente Ruhe zu suchen, als ein Diener aus dem Gefolge des Grafen von Sponheim erschien mit der Meldung, der Graf gedenke am morgigen Tage mit dem Frühesten gen Heidelberg aufzubrechen, begleitet von vielen Reisigen und großem Gefolge, und da er vernommen, ein Bote des Pfalzgrafen sei in der Stadt, so solle derselbe unter seinem Schutze die Reise antreten. Anna war im Stillen über Martins Fürsorge dankbar und beeilte sich am andern Morgen, von den Segenswünschen der guten Wirthin begleitet, welche ihr holdseliges Fräulein kaum lassen mochte, in die Herberge des Grafen zu kommen. An der Thüre fand sie Martin ihrer harrend, welcher sie stumm und ehrerbietig zu der Herberge des Grafen geleitete, ihr dort ein Rößlein aussuchte, und sich nicht eher zufrieden gab, bis er sie unter den sichern Schutz und in der Nähe von des Grafen Stallmeister, einem alten vertrauten Manne, wußte. Dem Grafen Sponheim Johann V. selbst hatte er ihren Stand und Geschlecht nicht verrathen, denn obwohl ein zuverlässiger Mann und ein fester Ritter, war seine Neigung zur mystischen Welt so groß, daß sie ihn für das gewöhnliche Leben zerstreut machte und den weltlichen Dingen ganz entfremdete; er glaubte zuversichtlich das verschlossene Buch der Natur für sich allein geöffnet und lebte der festen Gewißheit, Hundegebell und Vögelgezwitscher als eine eigene Sprache zu verstehen.

Anna aber ritt, nachdem sie von Martin flüchtigen, aber durch Blicke beredten Abschied genommen, an der

Seite des Stallmeisters ihre Straße entlang; so ruhig aber, wie ihre Herreise war, wurde die Heimkehr nicht. Zweimal wurden sie von Bewaffneten angehalten, einmal kam es zum ernstlichen Kampfe, wo sogar einer der Ihren von einem feindlichen Pfeile in den Hals getroffen todt zu Boden sank; doch erreichten sie Heidelberg am Mittag des andern Tages. Auf der Burg angekommen, entschlüpfte Anna, durch den Stallmeister, welcher um die Verkleidung wußte, begünstigt, dem Zuge, und eilte durch einen geheimen Gang im Seitenbau, welchen sie wohl kannte, in ihr stilles Closett. Dort nahm sie sich kaum Zeit, die Kleider abzuwerfen und die Ihrigen anzuziehen, und ließ dann die Kurfürstin um ein geheimes Gehör bitten.

Mathilde von Savoyen war hocherfreut, sie ließ Anna in die Kapelle als den ungestörtesten Ort bescheiden und vernahm dort mit frohem Erstaunen und beifälliger Rührung den Bericht der getreuen Jungfrau, sowie die Bitte, so lange Johann von Sponheim anwesend sei, was nur bis zum nächsten Tage dauere, sie nicht zu verrathen. Die hohe Frau versprach Alles, schalt und lobte in einem Athem und verhieß endlich, indem sie Anna umarmte, ihr dieser Liebe und Treue ewig zu gedenken.

Die kostbaren Wurzeln wurden vorgezeigt, geprüft, dann machte sich Anna rasch an die Bereitung des Heiltranks, die Kurfürstin eilte zu ihrem Gemahl zurück und vermochte ihm die frohe Nachricht von Anna's Rückkehr nicht vorzuenthalten. Es war, wie ich sagte, ein frommes Gelübde, äußerte die Kurfürstin am Schlusse ihrer eiligen Mittheilung und ihre Stimme wankte in frommer Rührung, als sie dachte, welch' frommer treuer Sinn die muthige Jungfrau geleitet hatte.

Ludwig war zwar zufrieden, daß sein Liebling wieder da, sonst aber gar tief gebeugt von Krankheit und Schmerz, dabei sah er ein, wie nothwendig seine persönliche Thätigkeit sei, und mußte doch hier wie ein gefesselter Löwe auf dem Siechbette ausharren. Hab' ich doch Alles, was in meinen Kräften stund, für Reich und Kirche gethan, seufzte er schmerzlich, o heiliger Gott, laß' für das Wohl der heiligen Kirche, welcher ich stets ein frommer Sohn war, ein Wunder an mir geschehen, laß mich, und wenn auch nur auf Tage, genesen.

Des andern Tages nach einer bei heftigen Leiden durchwachten Nacht trat die Kurfürstin mit Anna, welche einen gefüllten Becher trug, an sein Lager.

Trinkt, hoher Herr, sagte Letztere sanft, der Himmel wird das Gebet eines treuen Herzens nicht unbelohnt lassen, Ihr werdet Heilung finden.

Erstaunt nahm Ludwig den Becher aus ihrer Hand und leerte ihn mechanisch, während die Kurfürstin ihm den Entschluß und die rasche That des Mädchens mittheilte. Um des Kurfürsten festen Mund zuckte es krampfhaft von unterdrückter Rührung und als der Bericht zu Ende, küßte er schmeichelnd und dankbar des Mädchens zarte Hand.

Nicht also, mein Herr und Gebieter, rief sie erschrocken; er aber entgegnete: Gott wird dir deine Treue lohnen, auf Erden will ich es, so viel in meinen Kräften steht, thun, und fortan soll kein Wunsch, den ich erfüllen kann, dir versagt, keine deiner Bitten ungehört bleiben.

Nach einiger Zeit überfiel ihn ein fester Schlummer, in welchem er einen Tag und eine Nacht verblieb, und als in letzterer ein heftiger Schweiß eintrat, erwachte er am Morgen des andern Tages zwar noch etwas ermattet und kraftlos, aber schmerzensfrei. Noch zweimal nahm er den Trank aus Anna's Hand, sein Schlaf war ruhig, jedoch nicht mehr so lang, am vierten Tage nach ihrer Ankunft war der hohe Herr für einige Zeit wenigstens genesen. Mit glühendem Eifer betrieb er nun seine Abreise, die Zeit drängte, und ihm selbst ließ es keine Ruhe mehr, er mußte gen Trier, mußte versuchen, seinen alten Freund und Diener, den Bischof Rhabanus, in seine Rechte einzusetzen. In der Ferne aber schwebte seinem jetzt wieder von dem Alp der Krankheit befreiten Geiste die Aussicht vor, noch seinen alten Lieblingswunsch zu erfüllen und das gelobte Land nochmals vor seinem Ende besuchen zu dürfen. Alle seine Sorgen, Hoffnungen und Befürchtungen ließen ihn jedoch nicht seine muthige Freundin vergessen, und mehr als einmal bat er sie, doch endlich einen Herzenswunsch auszusprechen, eine Bitte ihm namhaft zu machen, durch deren Erfüllung er ihr beweisen könne, welchen Dienst sie ihm geleistet. Anna war zwar ernst und nachdenkend, aber sie äußerte keinerlei Wünsche, nur einmal, als der Kurfürst den Abend vor seiner Abreise auf's Neue in sie drang, sagte sie ernst zu ihm: Heute nicht, hoher Herr, denn was ich zu bitten hätte, wäre so Wichtiges und Heiliges, daß ich es mir recht überlegen muß, nicht ob ich es will, sondern wie es anzufangen sei.

Um Christi Wunden, meine Tochter, rief der Kurfürst erschrocken aus, ich will nicht hoffen, daß du in ein

Kloster gehen und dich von uns und der Welt gänzlich lossagen willst?

Um Anna's Lippen zuckte ein so muthwilliges Lächeln, daß Ludwig seinen Irrthum auf der Stelle einsah.

In's Kloster gehe ich nur, wenn dieser mein Herzens= wunsch nicht erfüllt würde, gnädigster Herr, entgegnete sie, doch werde ich ihn erst Euch mittheilen, wenn Ihr von Eurem Zuge heimkehrt, auf welchen Euch Gott und seine Heiligen geleiten mögen.

So soll es bleiben, Jungfrau, versicherte der Fürst; gelingt es mir, dem Rhabanus zu seinem Erzbisthume zu verhelfen, so bin ich bald wieder hier, und so du nicht verlangst, daß ich meinem kurfürstlichen Thron entsagen, meine gnädigste Gemahlin verstoßen oder mich der neuen Lehre zuwenden soll, werde ich dir wohl keines Wunsches Erfüllung versagen können.

Des andern Morgens zog der Kurfürst unter ansehn= licher Heeresmacht, er hatte breitausend Fußgänger und zwölfhundert Reiter, gen Trier. Die Geschichte sagt uns, daß es ihm gelang, Verstärkungen in die belagerte Stadt zu werfen, worauf dem Bischof möglich ward, einzubringen; später wurde demselben durch ein Schiedsgericht das Erz= bisthum zugesprochen.

Während des Pfalzgrafen Abwesenheit vertraute Anna ihrer hohen Frau, der Kurfürstin, ihren Plan, welchen diese wohl von Herzen billigte, jedoch ohne Hoffnung auf Gelingen, eine Befürchtung, welche sie ihrem Liebling nicht vorenthielt. Wenn es Gott gefällt, allergnädigste Frau, so muß mein eindringlich Wort und Bitte ein gut Gehör bei Eurem fürstlichen Gemahl finden; ist es nicht

sein Wille, so habe ich doch nicht müßig, die Hände im
Schooße, den Dingen ihren Lauf gelassen, sondern das
Meinige gethan, wie es die Pflicht jedes Menschen ist,
der für sein Geschick sich auch rühren soll. Doch mir
ahnet Gutes: sollte ja doch aus dem Kräutlein im Kloster=
garten zu St. German die Blume meines Glücks erblühn!
so sagte es mir der fromme Pater im Traume.

Die Kurfürstin, welche ein liebevolles und gütiges
Herz besaß, hatte nicht den Muth, Anna den Ihrigen zu
rauben, sie überließ es ihrem Gemahl bei seiner Heimkehr,
welche in den nächsten Tagen bevorstund, dem Mädchen
seinen, wie sie glaubte, unausführbaren Plan auszureden.

Der Pfalzgraf traf auch wirklich schon am nächsten
Tage nach diesem Gespräch, viel eher als sie ihn erwartet
hatten, wieder ein. Der hohe Herr war freudig gestimmt
durch den guten Erfolg seines Unternehmens und seine
fortdauernde gebesserte Gesundheit, welche ihm den Zug
nach Palästina immer möglicher und wahrscheinlicher
machte; in der heitersten Stimmung begrüßte er seine
theure Stadt Heidelberg und ward im Schloßhofe von
seiner Gemahlin und ihren Frauen empfangen. Doch
war er an diesem Tage von zu vielen Edlen umgeben
und zu sehr mit Geschäften überhäuft, um daß Anna es
für klug gefunden hätte, ihre Bitte vorzutragen. Allein
am Nachmittage des andern Tages, als der Kurfürst in
das Closett seiner Gemahlin trat, wo Anna gerade an=
wesend war, erinnerte er sich des ihr gegebenen Verspre=
chens und forderte sie auf, ihr Gesuch ihm mitzutheilen;
und wenn es meine beste Grafschaft wäre, du solltest sie
haben, Kind, sagte er ermuthigend.

Anna flüsterte dem kleinen zehnjährigen Kurprinzen, mit welchem sie gespielt hatte, ein paar Worte in's Ohr, dieser ging auf seinen Vater zu, faltete die kleinen Hände und begann:

Mein Herr Vater und gnädigster Fürst schenke meiner lieben Anna den Mann, den sie begehrt.

Der Pfalzgraf lachte, daß ihm der lange Bart, von welchem er den Beinamen „der Gebartete" trug, erzitterte. Er nahm den Knaben auf die Knie und sagte weiter: Bist du es vielleicht, feiner Junker, den sie sich erwählt, oder wo steckt der Liebhaber, von dem ich bis zum heutigen Tage nichts wußte.

Der Kleine entgegnete, als sei er auf diesen Punkt vorbereitet, ohne Zaudern: Im Dom zu Speyer ist er zu finden.

Der Fürst stellte den Buben auf den Boden, sprang so heftig auf, daß das kranke Bein ihn schmerzte, und ging hastig auf Anna zu, welche gefaßt neben der Kurfürstin stand. Rede du, sagte er heftig, was soll das, ich kann doch keinen Klosterraub begehen, und wie kam bein reiner Sinn auf einen Geweihten des Herrn.

Wollet mich ruhig anhören, mein gnädigster Fürst und Herr, entgegnete das Mädchen, sonach möget Ihr in Eurer Weisheit beschließen, was zu thun oder zu lassen. Sie erzählte darauf in gedrängter Kürze ihre erste Begegnung mit Martin, seine Entsagung, ihre Verlobung mit Albrecht, sowie ihr zweites Wiedersehen im Dom. Glaubet mir, allergnädigster Herr, fuhr sie fort, daß ich keinen Gedanken an Belohnung hatte, als ich Euch den kleinen Dienst erwies und gen Speyer ging; ich hatte mit meinen

4*

Hoffnungen und Wünschen für dieses Leben abgeschlossen, als ich aber Martin wieder sah und fand, daß er gleich mir unglücklich sei und mich immer noch so innig liebe, da kam mir auf der Heimreise ein guter Gedanke: dem heiligen Vater ist die Macht gegeben zu binden und zu lösen.

Ein irdisches Bündniß wohl, entgegnete der Fürst, aber keines mit dem Himmel.

Der Himmel will ein ganzes, kein getheiltes Herz, fuhr sie eifrig fort; auf keinen Fall will der gütige, liebevolle Vater dort oben das Unglück eines seiner Geschöpfe. Der Papst aber ist Euch, mein gnädigster Fürst, zu großem Danke verpflichtet, Ihr habt Euch stets als strenger und pflichtgetreuer Sohn der heiligen Kirche bewährt, manches Mal wohl zu sehr, wollte sie hinzufügen, allein die Klugheit siegte und sie fuhr fort: Thuet mir die Gnade an, und schreibet wegen dieser Angelegenheit an den heiligen Vater oder an König Sigismund und bittet ihn um eine Fürsprache bei Ersterem, saget ihm, wie die letzten Ritter des Goeler'schen Geschlechts in Eurem Dienste gefallen, und Ihr es für Euere Pflicht haltet, dasselbe für fernere Jahrhunderte dem Lande und dem Kaiser zu erhalten! Thuet nur, um was ich Euch bitte, gnädigster Herr, mir sagt eine Ahnung, Ihr werdet kein Nein vernehmen!

Des Pfalzgrafen ernste Züge waren freundlich geworden, seine Gemahlin faßte schmeichelnd seine Hand und vereinigte ihre Bitten mit denen Anna's; der kleine Kurprinz weinte, als er die tiefe Bewegung der Frauen sah.

Hättest ein Mann und Kanzler werden sollen, meinte der Pfalzgraf neckend, des Mädchens rosiges Kinn ergreifend und ihr Gesicht in die Höhe richtend, so gut weißt du deine Worte zu setzen und so klug zu handeln. Noch heutigen Tages will ich an König Sigismund schreiben, welcher gerade in Rom ist, sich die Königskrone zu holen, er wird sich bei dem Papste verwenden. Doch Goeler muß auch Schritte thun, denn du wirst doch deinen Bräutigam nicht gegen seinen Willen aus dem Kloster rauben wollen?

Die Jungfrau erröthete zwar, doch sagte sie fest und bescheiden: Gewiß soll Martin, wenn Euer kurfürstlichen Gnaden es erlauben wollen, herkommen, den Brief abholen und ihn selbst nach Rom überbringen. Daß Martin noch gar nichts von der Sache wußte, verschwieg sie wohlweislich, sendete aber noch am selbigen Tage einen treuen, verschwiegenen Boten mit einem Brieflein an ihn ab, welcher ihm das Vorgefallene mittheilte und ihn nach Heidelberg beschied. Ein Freudenstrahl drang in die Nacht seines Daseins, er pries die kluge und entschlossene Jungfrau, welcher er seine Freiheit verdanken, und welcher er fortan sein Leben weihen wollte. Der Kurfürst schrieb indessen folgenden Brief an König Sigismund, welchen wir in seiner ganzen naiven Eigenthümlichkeit hier wiedergeben:

„Dem Allerdurchlauchtigsten Fürsten und Herrn, Herrn Sigismund, Römischen König, zu allen Zeiten Mehrer des Reichs und zu Hungarn, Böhmen, Dalmatien, Croatien pp. König. Meinem gnädigen und lieben Herrn ꝛc.

„Allerdurchlauchtigster Fürste und Herre, gnädiger lieber Herr!

„Mein unterthänige, willige und schuldige Dienst seint Eure Königliche Gnaden allezeit zuvorn beraith. Gnädiger lieber Herr es würdt zu Euer Kaiserl. Majestät Martin Goeler kommen, Euer ꝛc. etliche seine Sachen zu erzehlen und fürzubringen. Wann nun beßwegen Martin Goelers Vatter und Brübter seligen in meinen Diensten und Geschäften tobt verpliben und erschlagen seindt und wo derselbige Martin Goeler geistlich verplibe, und nit weltlich würde, so würde solcher alter adelige Stamm gantz vergehen und nimmer sein, und herumb, Gnädiger lieber Herr pitte ich Euer ꝛc. unterthäniglich und mit ganzem Fleiße daß ihr dem vorgenannten Martin Goeler umb meinet Willen und mir zu liebe, gen Unserm Hilig Vattern, dem Pabste beholfen und berathen sein wollend, daß er sein Sache also von einer Dispensation wegen, ausgetragen und bekommen möge, daran thut mir Euer ꝛc. besünder Gnade, die ich mit meinem unterthänigen, gehorsamen und willigen Diensten alzeit gern verdienen will, um dieselbe Euer ꝛc. die der allmächtige Gott zur Erhöhung des Reichs und Stütze und Fried der gemeinen Landt und Christenheit lange Zeit gesundt, wohlmögig und glücklich bewahren wolle, mir als waren unterthänig Diener zu gebietend.

„Ich han auch dem vorgenannten Martin Goeler ernstlich befohlen, von Euer ꝛc. Zustande und Wohlmögen fleißig zu erfahren, wann ich darumb von Eurer ꝛc. Glücklichkeit, Allezeit gerne gut Word vernehmen wollte, als billig ist. Datum Heidelberg, Dominica Exaudi anno MCCCCXXXIII.

Ludwig von Gottes Gnaden, Pfalzgraf bei Rhein, des Heiligen Römischen Reichs Obrister Truchsäß, und Fürsteher der Landen des Kreis zu Schwaben und Fränkischen Rechten, Herzog in Baiern ꝛc. ꝛc."

Am zweiten Tage erschien Martin in Heidelberg und erbat sich vom Pfalzgrafen ein gnädiges Gehör, welches ihm auch gewährt wurde. Da er in Allem Anna's Worte bestätigte und sein Leben als ein verfehltes betrachtete, so stattete ihn der Pfalzgraf zu seiner Reise aus, gab ihm Diener und Gefolge mit, und er machte sich auf den Weg ohne Anna gesehen zu haben, deren mädchenhafte Scham die Kurfürstin begriff und ihm selbst auf die Fürsprache ihres Gemahls hin den Zugang zu ihr versagte.

Kehret Ihr frei wieder, sagte die hohe Frau tröstend zu ihm, so werdet ihr, so Gott will, euch Beide noch genug sprechen und kosen können. Ist aber euer Gelübde unlösbar, so ist es besser, ihr sehet euch nie mehr. Der Pfalzgraf gab ihm mündlich noch einige Verhaltungsregeln, wen er in des Königs und Papstes Umgebung noch besonders um Fürsprache angehen solle.

Martin machte sich, die Brust von Hoffnung neu belebt, auf den Weg zum königlichen Hoflager nach Italien, dieweil der Kurfürst den Bitten seiner Gemahlin zum Trotze seinem alten Lieblingswunsch, noch einmal nach Palästina zu ziehen, nachgab, und sich zu diesem Zuge rüstete. Er hielt seinen nur etwas gekräftigten Körper für geheilt, seine Sehnsucht nach dem gelobten Lande wuchs mit der Möglichkeit, es thun zu können. Umsonst beschwor ihn Anna, die kaum wiedergekehrte Gesundheit nicht auf's Neue auf's Spiel zu setzen; des Pfalzgrafen energischer Charakter, welcher ihn in seiner Jugend und in den Mannesjahren zu so großem Wirken befähigte, artete in späteren Jahren in Eigensinn aus; er war von dem unglücklichen Gedanken eines neuen Zuges nach

Palästina nicht abzubringen und Graf Sponheim, dessen Hang zum Mystischen dort volle Nahrung zu finden hoffte, redete ihm zu und bot sich als Begleiter an.

Frau Engeltraut war indessen, wie natürlich, nicht ohne Kunde von den Ereignissen geblieben, welche das Geschick ihres Sohnes so nah berührten, nnd wenn sie in ihrem frommen Sinne auch vor dem Gedanken erschreckte, einen Geistlichen dem Himmel abtrünnig zu machen, so rührte sie doch die treue Liebe des jungen Paares, und die Hoffnung, ihr Geschlecht nicht untergehen zu sehen, belebte ihr mütterliches Herz.

Von Martin kam lange keine Nachricht; in dieser Zeit waren die Verbindungswege so unsicher, daß seine Lieben es auch nicht anders erwarteten.

Anna war in ihrem Herzen nicht so ruhig, als sie sich äußerlich zeigte, um die Kurfürstin, welcher die Sorge um den Gemahl ahnungsvolle Stunden bereitete, nicht noch mehr zu betrüben. Wie verwandelte sich aber die beklommene Stimmung in jubelndes Entzücken, als nach zweien Monden der Kaiser Sigismund mit der römischen Königskrone geschmückt, welche er in Italien geholt hatte, zurückkehrte, in seinem Gefolge Martin v. Goeler, seiner geistlichen Bande ledig, ein freier Ritter, mit den Goeler'schen Gütern neu belehnt und voll ungeduldiger Erwartung, seine süße Braut zu umarmen! — Wer könnte die Seligkeit zweier solcher Herzen beschreiben wollen, welche sich, nun frei von dem beängstigenden Druck und Bewußtsein, Unrechtes zu verlangen, ihren Gefühlen überlassen dürften. Wie viel hatte Martin seiner Braut zu vertrauen, von den unglücklichen Stunden, welche er von ihr getrennt im Klosterdom zu Speyer verlebt, bis zu dem Momente, wo er sie wiedergesehen, wo ihm das Leben ohne sie unerträglich schien und wo dann ihr kühner Einfall Beide gerettet hatte. Wohl war die Dispensation mit großen Kosten verknüpft gewesen, Rom hatte seinen Diener nicht so leicht freigegeben, aber was that das Alles; und wäre Martin so arm wie ein Bettler geworden, ihm wäre nicht bange gewesen an der Seite seines Schutzengels!

Das fürstliche Paar war hocherfreut über ihres Lieblings Glück und richtete im Frühling des Jahres 1434 dem jungen Paare die Hochzeit aus; lustig genug ging es darauf her, die Wangen der schönen Braut überfloß mehr als einmal heißes Erröthen bei des Kurfürsten jovialen Scherzen über die Art, wie sie sich den Bräutigam vom Himmel erkämpft hatte, aber sie hielt doch wacker Stand, und ihre flinke Zunge wies den hohen Herrn, der solches nicht übel nahm, immer wieder zurecht. Mit heißen Thränen, obgleich ihrem Glück entgegen gehend, schied sie von dem fürstlichen Paare, welches Elternstelle an ihr vertreten und die Braut reichlich ausgestattet hatte. Des Pfalzgrafen Augen verweilten beim Abschied mit sichtlicher Rührung auf der jungen Frau. Ach, es war wohl eine Ahnung, daß seine Augen sie niemals wiedersehen, seine Ohren nie mehr den Ton der lieblichen Stimme hören sollten, welche so oft besänftigend auf ihn gewirkt hatte. Bald nach Martins Hochzeit zog der Pfalzgraf nach Palästina, Krankheit zwang ihn kurz darauf wieder heimwärts zu gehen, er erblindete auf der See, und als er nun wieder in Heidelberg einzog, sein Roß geleitet werden mußte, während der kräftige, sonst so stattliche

Mann hinfällig und ein Bild des Leidens im Sattel saß, da empfand wohl Jeder inniges Mitleid mit seinem Zustande und die Kurfürstin schlug voll bangen Entsetzens mit jammerndem Aufschrei die Hände vor's Gesicht und sank ohnmächtig in die Arme ihrer Frauen. Aber nicht nur physische Leiden aller Art marterten den kranken Fürsten, dessen Manneskraft und Geistesgröße das deutsche Reich in dieser wilden Zeit so viel wie nur immer möglich zusammengehalten hatte, auch moralischer Schmerz und Kummer bedrückten ihn schwer; seine Krankheit und Gebrechen als Ausrede benutzend, nahmen ihm seine Brüder, durch den intriguanten und herrschsüchtigen Grafen von Leiningen gehetzt, die Regierungsgeschäfte ab; er ward, wie der Chronist in seiner Naivetät erzählt: „von seiner Herlickyt entsatzet und ym vir For Munder gesetzet", da der Kurprinz noch zu jung zur Regierung war. Zum Glück dauerte dieser traurige Zustand nicht lange, er starb am 30. Dezember 1436 und ward in seiner eigenen schönen Stiftung, der heiligen Geistkirche, begraben.

Bei der Nachricht von seinem herannahenden Tode kamen Martin und Anna von der Ravensburg hergeeilt, den theuern Fürsten und Herrn noch einmal zu sehen. Ihre Ehe war schon mit zwei Kindern, Dorothea und Johann, gesegnet, Letzterer war erst vor zwei Monaten geboren, aber Anna ließ die Kinder unter Obhut der Frau Engeltraut und Katharinens, welche Braut mit Gottfried von Aschhausen war, um der Pflicht und dem Drange ihres dankbaren Herzens zu genügen. Sie sanken vor des Kurfürsten Lager auf die Kniee und bedeckten seine Hände mit Küssen. Er lächelte schon verklärt, und als sei er wieder sehend geworden, wandte er sich zu dem Platze, wo Anna in tiefem Schmerze versunken lag, und sprach mit flüsternder Stimme: Heute, mein herzliebes Kind, würde auch dein Kräutlein nicht mehr helfen, und „Mechthildis", den Namen seiner Gattin, ausrufend, verschied er.

Sein Andenken lebte in dem Herzen Vieler, am glühendsten und treuesten aber blieb er in der Erinnerung des glücklichen Paares, das wir nun verlassen müssen, und welches 31 Jahre in dem innigsten Einverständniß lebte, bis ihre Ehe durch Martins Tod getrennt wurde, welchem Anna bald nachfolgte.

Sie hatte ihrem Gatten sieben Kinder geschenkt, wovon die vier ersten, zwei Junker und zwei Fräuleins, sich freiwillig dem geistlichen Stande widmeten, vielleicht als frommes kindliches Opfer für den Vater, die drei Andern aber, Georg, Albrecht und Lucia (welche einen Hanns Ullner von Diepur zum Mann hatte) verheiratheten sich, und die Söhne pflanzten ein Geschlecht fort, welches seitdem sich mehr und mehr verbreitete und heutigen Tages zu den blühendsten des badischen Landes gehört. Es besitzt noch immer tapfere Männer und manche kluge, entschlossene Frau in seinen Reihen, und wohl Keiner des Geschlechts wird es je bereut haben, daß sein Ahnherr dasselbe nicht aussterben ließ. Die Geschichte sagt uns nicht, ob wohl noch Einer so glücklich, wie unser Martin war, welcher den ersten Traum seiner Jugendliebe verwirklicht sah und die allein und einzig Geliebte als Gattin heimführen durfte; aber das Andenken ihres Ahnenpaares halten sie hoch in Ehren und in den Archiven der Familie ruht als ein kostbar Dokument aufbewahrt und wohl geborgen des Pfalzgrafen Ludwigs glückbringender Brief.

Im Verlage von **A. Bielefeld's** Hofbuchhandlung in Karlsruhe ist erschienen:

Vielliebchen
Ein Märchen aus der Ritterzeit.
Von **C. Friedrich**
(Frhrn. Goeler v. Ravensburg).

Preis in eleg. Orig.-Leinenband mit Goldschn. 3 ℳ.

"**Ueber Land und Meer**", 1877 Nr. 13 schreibt: "Ein liebliches, anmuthendes Geschenk dürfte "Vielliebchen", ein Märchen aus der Zeit Friedrich Barbarossa's, sein. Wer diese Art Rittermärchen liebt, wird durch die zart hingehauchte, sinnige Erzählungsweise dieses Autors gewiß angenehm unterhalten werden. In der Schilderung des Ritterthums zeigt der Autor Gestaltungskraft und künstlerischen Takt".

In **Carl Winter's** Universitäts-Buchhandlung in Heidelberg erscheint:

Die Venus von Milo
Eine kunstgeschichtliche Monographie.
Von Dr. phil. **Friedr. Frhrn. Goeler v. Ravensburg.**

Mit vier Tafeln in Lichtdruck.

Die Venus von Milo ist bekanntlich eines der herrlichsten und interessantesten Denkmäler griechischer Plastik. Ueber wenig Kunstwerke ist so viel geschrieben worden, wie über dieses. Trotzdem fehlte bisher eine Monographie, welche das Gesammtgebiet der Untersuchungen über diese Statue umfaßte und in ausführlicher Weise alle einschlägigen Fragen behandelte. Eine solche hat der Verf. dieser Arbeit zu geben versucht. Das Thema bot ihm zugleich vielfach Gelegenheit zu interessanten Excursen in die antike Kunstgeschichte und die Theorie der Kunst überhaupt.